CANTOS
LUCUMIS
a
ORISHA

CANTOS LUCUMIS a ORISHA

MARIELA ALBÁN
ONÍ YEMAYÁ

Cantos lucumis a Orisha
Mariela Albàn — Oní Yemayá

Publicación independiente de Mariela Albán – Oní Yemayá

Incluye referencia bibliográfica, glosario y apéndice (con los cantos sin traducción)

ISBN : 13 — 9798778903142

Imagen de portada e interior de Pixabay.com e imgbin.com
Diseño de portada e interior por Alejandro Avendaño

**Para Olodumare, Orisha, Egun y guías
superiores.**

A mi esposo e hijo.

A la Iyalosha, al Babalosha consciente, que ve la
religión de Osha – Ifá como una vocación sagrada
para mejorar el mundo.

A mis mayores: A ellos mi agradecimiento por sus
enseñanzas.

¡Ki Olorun n´agbe ó!

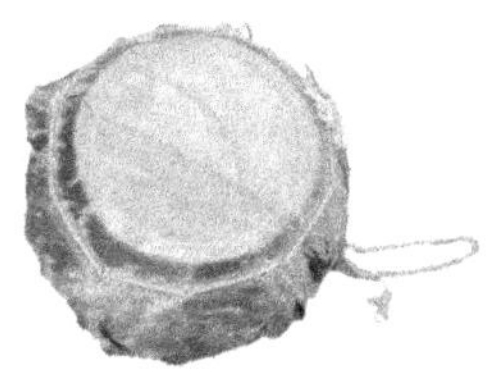

Contenido

INTRODUCCIÓN

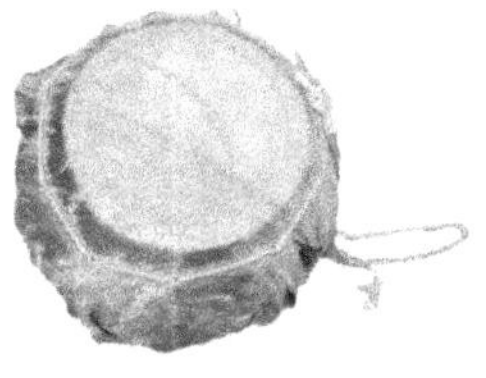

Orin

El canto (*orin*) en el yoruba en África, como en el lucumí en el Nuevo Mundo, forma parte de su cotidiana existencia. Se le canta y reza a los orishas a través de sus representaciones en la naturaleza, el monte, la lluvia, ríos, mares y lagunas; como también a la montaña, desiertos y llanuras, que despiertan al ser bañadas y preñadas por las lluvias, truenos y tempestades, dando fruto, pariendo cosechas que pasan a formar parte del alimento diario del implorador con el canto y rezo, para que así sea.

El canto y el rezo también es fundamental en el ceremonial de iniciación de un neófito/a en consagración a un orisha en particular. Y nace a una nueva vida a través del canto y el rezo. Cantos y rezos que, al morir, también serán necesarios para elevar su espíritu en el regreso a casa en *araonú*.

Ante los obstáculos y lo desconocido, la alegría del

nacimiento y el llanto por la muerte; el ritmo, la música y el canto estarán allí para alegrar, resolver necesidades acompañando plegarias y alabanzas, y en el dolor por la partida de un ser querido.

El yoruba, después de pasar cientos de años en esas tierras y caminos que la historia configuró con sus ancestros; en ese ayer que ya suma cientos de años, invadido por una civilización extraña; una presencia de piel blanca se apoderó de ellos sin respeto a su cultura, tradición, ni origen, y pasó de pronto a formar parte de un contingente en las galeras repletas de pares en el vientre de barcos flotando sobre un mar desconocido y un destino incierto. Allí, Egun empezó a flotar y danzar sobre las maderas de esos barcos cargados de seres que atrás dejaban a sus padres, madres, esposas, hijos y hermanos. Atrás, quedaban también sus bosques, plantaciones y linajes; pero sus orishas iban con ellos, dentro de ellos. Y para remediar el dolor y olor de muerte, hombres y mujeres acudían al verbo, y entre plegarias, ruegos y alabanzas, buscaban alimento espiritual, el aliento para tratar de seguir subsistiendo; muchos lo lograron, otros tantos, no.

Okokan la mí wayé
okokan la mi oro
Iya oro morisha, omode
Okokan la mi wayé...

Ya en nuevas tierras, sobrevivientes encontraron en ese Nuevo Mundo a una nueva cultura blanca, con una iglesia lista para "cristianizar" a los recién llegados que ya venían cargados y preparados para continuar la sobrevivencia con sus cantos y plegarias, al encontrar elementos singulares y propicios, como clima, vegetación, sonidos, manigua con sus habitantes de fauna y flora, truenos y tempestades acompañados de vientos, que en un lento proceso de transculturación, permitió emerger al nuevo yoruba en el Nuevo Mundo.

Y de nuevo el canto. Al llegar al río, para cruzarlo, *Oshún* estaba ahí:

> *Iya mí ilé odo*
> *gbogbo ashé,*
> *Obini sala ma wó e*
> *iya mí ile odo*
> *iya mí ile odo...*

Ante *Yemayá* y el mar bravío.

> *E kó, Iyale yalumo o,*
> *Yale omi abé*
> *Ayaba omi o...*

Y así el canto ha mantenido a través de los siglos su ancestral función de expresar sentimientos tanto hacia la vida como a la muerte, reafirmando la realidad de existencia de la humanidad, con esa raíz del folclore yoruba, ahora lucumí, permitiéndonos recordar los muertos y evocando los astros, el cielo y la tierra misma, recordamos que existe una deidad, un orisha que no puede ser obviado en ningún acto, al cual siempre habrá de cantársele entrando y saliendo, al principio y al fin; sin su permiso no puede hacerse nada.

> *Agó Eleguá o bu kenke,*
> *agó Eleguá o bu kenke*
> *o bu kenke, o bu kenke,*
> *Ogún la topa lowo*
> *o bu kenke, o bu kenke ...*

Es así como entendemos nuestra fe. La parte más importante en ella se constituye con el canto. Como antes dije, su utilización para recordar a nuestros muertos reafirmando la realidad de la vida humana hace que inexorablemente podamos prescindir de él. Esa es la clave para entrar y salir de cualquier circunstancia alegorizando a nuestros orishas, incluso para ofenderlos en ciertas y determinadas situaciones donde es necesario "moverlos" para una actuación plena, que permita reafirmarse, o negarse en hechos relacionados tanto en el presente, como en el pasado y vislumbrando un futuro.

Sobre este libro

Este libro ha sido escrito principalmente para todas aquellas personas que han sido consagradas en ceremonia de *Yoko Osha* en nuestra Regla de Osha/Ifá, o Regla Lucumí como es llamada popularmente en los Estados Unidos, que deseen tener a la mano un compendio de los cantos lucumis que se le entopnan a los Orishas en distintas ceremonias, sobre todo, la que corresponde al lavatorio y paritorio de orisha en ceremonias de consagración, en el orden en que deben ser ejecutas. Este mismo orden se conserva en los toques de tambor de fundamento (*Añá*). Tienen las traduciones al español.

Para un mejor seguimiento para el aprendizaje, e incluido como Apéndice, todos los cantos sin traducción desde los que corresponden a Ozain hasta el último del orden en un lavatorio y toque de tambor, como lo es el de Orunmila. Además, los cantos de Olokun y los correspondientes a la clausura o cierre de un toque de tambor. Todo ello, para facilitar una lectura corrida en el proceso de aprendizaje y entonación.

MARIELA ALBÁN – Oní Yemayá
Caracas – 2021

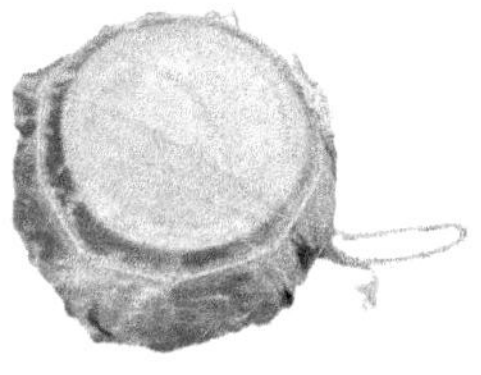

Ozain

Es el orisha de la vegetación, las plantas, hierbas y árboles de los bosques (la flora universal). Sin su previa aprobación todos los ritos y ceremonias en la religión no pueden ser efectivos. Siempre hay que contar con él en todo momento. Una de las principales ceremonias en que su presencia es imprescindible, es en la de un *Yoko Osha*, o de iniciación de un neófito (*aleyo*) en el sacerdocio de Regla de Osha o Lucumi.

Considerando los cantos ceremoniales que deben ejecutarse en la ceremonia de Yoko Osha, de principio a fin, los primeros que deben entonarse después de haber rendido cuentas a Egun de lo que se va hacer ese día, son los de Ozain en la ceremonia llamada "Lavatorio".

Introducción a los cantos del lavatorio de un Yoko Osha

El oriate inicia después que los olorishas (hombres y mujeres) arrancaron y colocaron hojas y hierbas en cada ponchera y haber "despalillado", entonando:

Kama ma ya tiya
(Por la tragedia. Denos autorización para rasgar y romper)

Coro: Tiya, tiya

(Y romper y rasgar)

Kama ma ya elu
(Denos la autorización para ripiar y mezclar)

Coro: Elu, elu

(Mezclar, mezclar)

Kama ma ya bibó
(Denos autorización para romper y pelar)

Coro: Bibó, bibó

(Pelar, pelar)

Después se le canta a Eleguá, que es quien propulsa las tragedias en los humanos, dándole así apaciguamiento y estímulo ofreciéndole los siguientes cantos:

Iba ara ago ago moyuba, iba ara ago ago moyuba, omo de koni kosi ibarago ago moyuba, Eleguá Eshu lona.

Coro: Responde igual.

(Desde lo alto a esta tierra, concédale permiso para clamar o invocar a los hijos para que hoy no haya probiemas. Desde lo alto a esta tierra concédale permiso para clamar por Eleguá o por Eshu que está en nuestro camino.)

Ishon sho abe, ishon sho abe Odara colerí eyo, Babá se mi
(Con el cuchillo puntiagudo, el mago no tiene la cabeza para que se burlen de él. Padre bloquea y restringe la respiración)

Coro: Ishon sho abe.

(Con el cuchillo puntiagudo)

Odara kolerí eyo
(El mago no tiene la cabeza para que se burlen de él)

Coro: Ishon shon abe, ishon shon abe,
Odara kolerí eyo Baba semi, Ishon sho abe

(Con el cuchillo puntiagudo. Es el mágico que no tiene la cabeza
para que se burlen de él. Padre bloquea y restringe la respiración.
Con el cuchillo puntiagudo)

***

Eleguá yoto pon lowo
(Es el que es resbaladizo y digno de adulación porque posee dinero)

Coro: O bu kenke, o bu kenke

(Es el pequeño, el pequeño)

Baba Eleguá de modan kio
(Babá Eleguá habla jactanciosamente)

Coro: O bu kenke, o bu kenke

On yo lo
(Usando astucia)

Coro: Bara yolo unkuele

(El de la fuerza vital usa la astucia para entorpecer la destreza)

***

Aso kere kere meye, Alaroye ki ba boshe
Coro: Repite lo anterior

(El que permitió de a poco que yo sobreviva. Es Alaroye y permitió
el sacrificio y el homenaje se cumplió)

Aso kere kere meye, Eshu Alawana ki ba boshe
Coro: Repite lo anterior

(El que permitió de a poco que yo sobreviva. Es Eshu Alawana y permitió el sacrificio y el homenaje se cumplió)

Eleguá, Eleguá, Eshu Aso kere kere meye, Eleguá, Eleguá, Eshu Alaroye ki ba boshe

Coro: Repite lo anterior

(Eleguá, Eleguá, Eshu. El que permitió de a poco que yo sobreviva. Es Eleguá, Eleguá, Eshu Alaroye y permitió el sacrificio y el homenaje se cumplió)

***

So sa so kere, Alaroye so kere

Coro: Sosa sokere

(El que habla tiempo largo. Hable poco, Alaroye hable poco)

So sa so kere, Alawana so kere

Coro: Sosa sokere

(El que habla tiempo largo. Hable poco, Alawana hable poco)

Cantos a Ozain

Al terminar cada canto, suplicamos a Ozain para que podamos utilizar sus hierbas. Por lo que el Oriaté cantará:

Ashe Omo Ozain, (Ozain bendice a sus hijos)

Y el coro responde:

Ewe Ayé, (el poder de la hierba en la tierra)

Y con lo anterior, hacemos la separación de los cantos.

1
Kuru kuru bete
(Las hojas son peladas y lavadas)

Coro: Mariwo Ozain, mariwo rere, mariwo .

(Las hojas de la palma representan visten a Ozain. Las hojas de la palma representan bondad, las hojas de la palma)

Kuru kuru bete

Coro: Mariwo Ozain, mariwo rere, mariwo .

Kuru kuru bete

Coro: Mariwo Ozain, mariwo rere, mariwo

Ashe Omo Ozain
Ewé Ayé

2
Kúkúrú Kúkúrú

(Rompiendo hierbas. Rompiendo hierbas

Coro: Tigi tigi alagbo diyera tigi tigi

(Cortando del árbol, cortando del árbol, el dueño de la medicina nos da un cuerpo sano. Cortando del árbol)

Kúkúrú Kúkúrú

Coro: Tigi tigi alagbo diyera tigi tigi

Kúkúrú Kúkúrú

Coro: Tigi tigi alagbo diyera tigi tigi

Ashe Omo Ozain
Ewé Ayé

3
Mo yeun ewé mo sanra o, mo yeun ewé mo sanra.
Ewé lo bi mí, ewé lo ya mí. Mo yeun ewé mo sanra.

Coro: Repite lo anterior

(Yo como hierbas y engordo. Yo como hierbas y engordo. O como hierbas y engordo. Las hierbas de la tierra dieron a mi nacimiento. Las hierbas de la tierra me destetaron. Yo como hierba y engordo)

Ashe Omo Ozain
Ewé Ayé

4
Ewé dára dára ma da o. Ozain dára dára má dá.
Ozain dá mi bó, o dá mi owó, Ozain dára dára má dá.

Coro: Repite lo anterior

(Hierbas que hace maravillas y son buenas, siempre buenas. Ozain
hace maravillas, es bueno, siempre bueno. Ozain da estabilidad.
Me da honor, Ozain el que hace maravillas, es bueno, siempre bueno)

Ashe Omo Ozain
Ewé Ayé

5
Oyígí yigi ota lomi o. Oyígí yigi ota lomi (x2)
Oyígí yigi Iyá o kúmá.
Oyígí yigi ota lomi

Coro: Repite lo anterior

(La piedra inamovible está en el agua. La piedra inamovible está
en el agua. La madre es inamovible, ella no morirá jamás. La piedra
inamovible está en el agua)

Ashe Omo Ozain
Ewé Ayé

6
Bé yi ishé ishe mi. Ozain olóro mí.
E wíwí awa yaroko. E wíwí awa tini ibú.

Coro: Repite lo anterior

(Saltó inesperadamente en esta dirección. Esta es la forma de hacer que Ozain sea el dueño de mi tradición. Usted dice constantemente que nosotros fuimos a labrar la plantación. Repetidamente
dice que estamos bloqueados/encerrados en lo profundo del
agua)

Ashe Omo Ozain
Ewé Ayé

7
Ozain Mamura mofille, mamura baba oloro oke.

Coro: Repite lo anterior

(Ozain yo estoy preparado, sobreviviré, estaré preparado. Padre de la sublime tradición)

Ashe Omo Ozain
Ewé Ayé

8
Ewé Ozain welebe nito obe o. Welebe ni to obe o.
Ewé Ozain welebe ni to obe o. Welebe ni to obe o.
Akaka ko kúma welebe ewé, welebe ni tó obe.

Coro: Repite lo anterior

(La hierba de Ozain, lisa y delgada es un cuchillo que dura, es un cuchillo duradero. La hierba, lisa y delgada es un cuchillo que dura, es un cuchillo duradero. La hierba elegida nunca llega a ser torpe, aunque sea lisa y llana. La hierba, lisa y delgada es un cuchillo duradero, es un cuchillo duradero)

Ashe Omo Ozain
Ewé Ayé

9
Ewe ikoko, ikoko wa lése meyi si okúta

Coro: Repite lo anterior

(Las hierbas en la cazuela. La cazuela está ubicada entre dos piernas sobre una piedra)

Ashe Omo Ozain
Ewé Ayé

10
Atiponla abifa burú. Atiponla abifa burú.
Ifa Owo, Ifa Omo, Ifa Ile, Atiponla abifa burú

Coro: Repite lo anterior

(Atiponla tiene abundancia destinada para mí. Abundante dinero, abundantes hijos, abundantes casas. Atiponla tiene abundancia destinada para mí)

Ashe Omo Ozain

Ewé Ayé

11
Ewé má si Boro ro. Ewé má si boro wú. (x2)
Bá mi dó oke yo; má si boro ro, má si boro wú

Coro: Repite lo anterior

(Las hojas descienden habitualmente y caen fácilmente. Las hojas descienden habitualmente y aumentan fácilmente. Ven conmigo a acampar en la colina, para escapar. Desciende habitualmente y cae fácilmente. Desciende habitualmente y aumenta fácilmente.)

Ashe Omo Ozain
Ewé Ayé

12
Emi Okan foro yo, foro yo, foro ni iyeye.
Gbami okan foro yo, foro yo, foro ni iyeye

(Soy uno que lava para tener desbordante riqueza. Sálvame. El que lava para riqueza desbordante, lava para una vida sana)

Coro: Repite lo anterior

Ashe Omo Ozain
Ewé Ayé

13
Tiri ri bamba, tiri ri bamba,
Awona meye ke ewe yo

Coro: Repite

(Continuamente engorda, continuamente engorda; siete imágenes talladas. Gritas para que aparezcan los niños)

Ashe Omo Ozain
Ewé Ayé

14
Sérí wawo. Ewa wo. (x3)
Ozain ewé dun o dun

Coro: Repite lo anterior

(¿Ustedes ven nuestra sabiduría? La belleza está a la vista. Ozain es dulce dulce)

Ashe Omo Ozain
Ewé Ayé

15
Sékún boro dé wa o. Sékún boro dé wa dun dun

Coro: Repite lo anterior

(Inmediatamente bloquea el lamento que nos llega. Bloque el lamento inmediatamente; dulces, dulces hierbas)

Ashe Omo Ozain
Ewé Ayé

16
Ewé lé yomi, Aworán meyi yomi.
Oshinshin lé yomi.
Ewé dun baoye, baloba

Coro: Repite lo anterior

(Las hierbas acomodadas en pequeños racimos me hace feliz. Las hierbas con doble cara me hacen feliz. La nueva sopa de hierbas me hace feliz. Las hierbas dulces dan títulos y el nombramiento de un jefe)

Ashe Omo Ozain
Ewé Ayé

17
Peregún ewe bó tútu. Peregun ewe bo omi ire
Peregún iyá o kú má. Peregún ewe bó tútu.
(Peregún es la hierba que se mantiene fresca. Peregún es la hierba que se llena de agua santa. Peregún previene que la madre muera. Peregún es la hierba que se mantiene fresca)

Coro: Repite lo anterior

Ashe Omo Ozain
Ewé Ayé

18

Borotiti awa ta epo. Borotiti awa ta epo.
Epo opolówó epo opolénse. Borotiti awa ta epo

Coro: Repite lo anterior

(Fácil y continuamente vendemos aceite de palma. Abundante aceite de palma en las manos. Abundante aceite de palma en los pies. Fácil y continuamente vendemos aceite de palma)

Ashe Omo Ozain
Ewé Ayé

19
Awa dé omo olóshinshin.
Bo si ilé Oshinshin iworo

Coro: Repite lo anterior

(Aquí llegamos los hijos de la sopa de hierbas. Regresamos a la casa de la sopa de hierbas/iniciados en Ozain)

Ashe Omo Ozain
Ewé Ayé

20
Abera bera ma. Abera bera ma.
Oba dìnya (diña) olú Ozain.
Abera bera má, yé yé.

Coro: Repite lo anterior

(Suplicamos para ser redimidos. El rey reduce el sufrimiento, Ozain. Suplicamos por ser redimidos; por favor, por favor)

Ashe Omo Ozain
Ewé Ayé

21
Baba fo omo re. Baba fo mo re.
Baba dinya (diña) oló Ozaín.
Baba fo omo re, yé yé

Coro: Repite lo anterior

(El padre bañe a su hijo. El padre reduce el sufrimiento y es jefe, Ozain; El padre bañe a su hijo, ¡por favor! por favor)

Ashe Omo Ozain
Ewé Ayé

22
Ewé, ewé níre o. Ewé, ewé níre o.

Coro: Repite lo anterior

(Hojas, hojas tienen bondad. Las hojas tienen bondad)

Ashe Omo Ozain
Ewé Ayé

23
Ewé, O kú má. O kú má la wa o. (x2)
(Hojas, te saludo siempre, te saludo siempre, sálvanos)

Coro: Ewé, o kú má

(Hojas, te saludo siempre)

O kú má la wa o.
(Te saludo siempre, sálvanos)

Coro: Ewé, o kú má

(Hojas, te saludo siempre)

Ashe Omo Ozain
Ewé Ayé

24
Ala fulewa má ma kenya (mama keña), leri ashe kinkeña.
Ala fulewa mama kenya, leri ashe kinkeña awo

Coro: Repite lo anterior

(La pureza del ashe viene inmediatamente a la casa. No te quedes atrás. La cabeza es poderosa y no se quedará atrás)

Ashe Omo Ozain
Ewé Ayé

Echando el agua del río a las cazuelas:

25
Ala umba koshire.
A la umba ewe ikoko.
Ala umba koshire
A la umba ewe ikoko,
Okashore okalambo
Ala umba ewé eyo

Coro: Repite lo anterior

(El manto blanco protege a la palmera al dejar al descubierto las cosas buenas. El manto blanco también acompaña a las hierbas que son examinadas exhaustivamente. Permítanos hacer el encantamiento bueno y protector. Con el manto blanco cúbrelo. El manto blanco acompañará las hierbas que te salvarán)

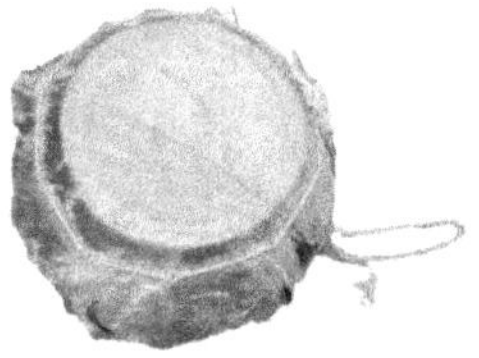

Eleguá

Eleguá tiene la potestad de ser el primero en todo, pero también el último. En ese sentido, representa el principio y el fin, la vida y la muerte. Por ello, se le representa vestido de rojo y negro. Y como tal, tiene el poder otorgado por Olodumare de ser el gestor para que todo tipo de negocio salga bien. Es el gran adivino y está relacionado directamente con los astros.

A este orisha se le entonan cantos de alabanzas y súplicas para que no exista ningún tipo de problemas en los negocios y la vida diaria.

En una ceremonia de Yoko Osha, por ejemplo, los primeros cantos de alabanzas para dar poder al *omiero* (agua de paz) son los de Eleguá.

Cantos de Eleguá

1
Bara loyure soke eboda,
Omo ni Alawana ko ma ma kenya (mama keña) ira-
wo e.

(El negocio está ante nosotros, llegó. Permítanos rogar para que este ebó sea bueno para los hijos hoy, que no sigan los problemas que nos envían las estrellas —el cielo—).

Coro: Bara sua ayo, omo ni Alawana
Ko ma ma kenya (mama keña) irawo e.
Obara suayo e ke e, Eshu odara.
O moni Alawana ko ma ma kenya (mama keña) irawo e.

(El negocio está aquí, ante los hijos. Que los problemas que nos envían las estrellas en el cielo, no continúen.)

2
Eleguá Eleguá, aso kére kére me ye,
Eleguá Eleguá, Alaroye kiba boshe

Coro: Repite lo anterior

(Eleguá Eleguá de a poco replica que yo sobrevivo. Eleguá Eleguá el hablador. Permite que el homenaje y el sacrificio se cumpla.)

3
Asó kere kere meyé, Alaroye kiba boshe
(Poco a poco se argumenta que sobrevivo. Alaroye permite que el homenaje y el sacrificio se cumpla

Coro: Repite lo anterior

So sa so kére, Alaroye so kére

Coro: So sa so kére

(Usted habla un tiempo largo, hable poco, Alaroye hable poco)

Eshu Alawana so kere

Coro: So sa so kére

(Eshu Alawana hable poco)

Eshu Lailua so kere
Coro: So sa so kére

(Eshu Lailua hable poco)

4
Adó ashure o, adó ashure o.
Bara layikí, adó ashure o

Coro: Repite lo anterior

(Pequeña y oscura calabaza con la medicina de la bondad. Bara el de la fuerza vital y el real saludo. La diminuta y oscura calabaza con medicina de bondad)

5
Eleguá o, Eleguá son nyan nya (son ña ña),
Eleguá o, Eleguá son nyan nya,
Alaroye modan kio, Eleguá son nyan nya

Coro: Repite lo anterior

(Eleguá, el dueño de la fuerza vital. El poseedor de la fuerza vital que habla jactancioso)

Alaroye modan kio

Coro: Eleguá son nya nya (son ña ña)

(Alaroye habla jactanciosamente)

Eshu Alawana modan kio

Coro: Eleguá son nya nya

(Eshu Alawana habla jactanciosamente)

6
Oko okan odara bamba Laroye oko okan
Oko okan odara. Odara bamba laroye oko okan (x2)
(El primer pene, mago robusto. Laroye es el primer pene. El primer pene, mago robusto. Laroye es el primer pene)

Coro: Repite lo anteror

7
Eleguá nita Alaroye so kuo
(Eleguá tiene piedra, el de charla eterna)

Coro: A Eleguá nita Laroye so kuo aye

(Eleguá tiene piedra, de charla eterna en el mundo)

Ago Eleguá nita laroye so kuo
(Permiso, Eleguá tiene piedra, el de charla eterna)

Coro: Eleguá nita Laroye So kuo ayé

8
Moyuba o. Moyuba orisha
(Pago homenaje. Pago el homenaje a orisha=

Coro: Ase moyuba Orisha

(Autoridad, pago el homenaje a orisha)

9
**Alagongon Laro agongon Laroye
Eleguá de ma dankí o**

Coro: Repite lo anterior

(Eleguá, el que posee rapidez, dueño de los títulos de honor.
Dueño de la rapidez y plagado de títulos)

Agongo laro Laroye
Coro: Agongo Laro

Alawana
Coro: Agongo Laro

10
**Eshu o Eleguara e, Eleguara moforibale Eleguara
agó**

Coro: Repite lo anterior

(Eshu, Eleguá está aquí en la tierra. Eleguá en esta tierra le conced-
erá el bien limpiando mi cabeza. Eleguá, abre camino)

11
**Agó Eleguá o bu kenke
agó Laroye o bu kenke**

Coro: Repite lo anterior

(Permiso, pagaremos la deuda al pequeño, Eleguá, el abusivo, que es Laroye el abusivo)

Ogún la topa lowó

(Es que Ogún mata con sus propias manos)

Coro: O bu kenke, o bu kenke

(Es el pequeño, el pequeño)

12
Alaroye yoko odé.
Taní Alawana yoko odé

(Quien posee la locuacidad y contradicciones llega y se sienta en la parte de afuera. ¿Es usted quien divide el camino? Venga y siéntese en la parte de afuera)

Coro: Iba orisha ma wó. Alaroye Joko odé

(Homenaje al orisha que visita siempre. Es el que posee locuacidad, llega y se sienta en la parte de afuera)

13
Alaroye iba layé,
Alaroye iba layé
Eshu Bara ago iba layé, alaroye iba layé

(El que posee la locuacidad, homenaje al dueño del mundo. Es Eshu, abran paso a la fuerza vital y el que posee la locuacidad, dueños del mundo)

Coro: Eshu Bara ago iba layé. Alaroye iba layé

14
Kiri nya Kiri nya,
Ago kiri nya.
Eleguá ta ni koso

Coro: Kiri nya Kiri nya, Ago kiri nya

(El que vaga separando, vaga separando. Abran el paso, porque él vaga separando. Quien es el dueño de la fuerza vital, tira, hiere da puntapiés, se abalanza sobre alguien y no habla)

Laroye ta ni koso

Coro: Kiri nya Kiri nya, Ago kiri nya

Alawana ta ni koso

Coro: Kiri nya Kiri nya, Ago kiri nya

15
Eshu mi ni e a. Aladó nishe. Eshu mini.
Alaroye aladó nishe

Coro: Eshu mini e a. Aladó nishe Eshu mini

(Eshu, el inquieto, dueño de la calabaza de la medicina, tiene el poder, Eshu agita la calabaza)

Ago Alawana, aladó nishe

Coro: Eshu mini e a. Aladó nishe, Eshu mini

(Permiso Alawana, dueño de la calabaza de la medicina, tiene el poder)

16
Alakata nimoba
Orisha dé wáwo

Coro: Repite lo anterior

(Quien es extensamente lejos es un príncipe. Orisha llega. Venga y véalo)

A Baba sEleguá
Orisha léwa wo

(Ah Gran cosa es ese Eleguá. Es bonito mirar a Orisha)

Coro: A Baba selewa

(Ah una gran cosa es el dueño de belleza)

Léwa wo Léwa wo
(Bonito mirar, bonito es mirar)

Coro: Léwa wo Léwa wo

Laroye léwa wo
(Laroye, es bonito mirarlo)

Coro: Laroye léwa wo

17

Ibará go, ago moyuba
Omode koniko sibago.
Ago moyuba
Eleguá Eshu lona

(Homenajeando a los parientes del garabato. Abran el paso para pagar el homenaje. Niño enseñando doctrinas de homenajes, y es provechoso en la reunión. Abran el paso que se paga el homenaje a Eleguá. Y Eshu es el dueño del camino)

Coro: Repite lo anterior

Rezos

1
A Laroye kuse. Baba kula Olufa o,
A Laroye kuse. Baba kula Olufa o,
Eshu omo odara Eshu omo odara.
Eshu odara mi dodo Eshure o e

(Hablador espero que proceda fácilmente su trabajo Padre, saludo sus esfuerzos. Es el jefe de conocimientos divino. Eshu, niño que realiza maravillas. . Eshu realiza maravillas, espíritu de color escarlata. Eshu es pura bondad)

Coro: Eshu suwayo Alaroye mamakeniya Irawo e

(Eshu no cortes ni rasgues la estera porque es la bendición del iniciado. Es quien aparece a lo lejos y ancho. Dueño de títulos de superioridad)

Omo Olusin Omo Olusin.
Awende awende. Ogun alakuko e

(Niño de adorador. El niño del adorador. Mi amigo ya bien. Mi amigo viene ya)

Coro: Eshu suwayo Alaroye mamakeniya Irawo e

Ka mon yangan yinga o nyangan yinga o.
Yobi yobi Ago ama
Pakúta lówá omi owo.
Eshu beleke mi dodo, Eshure o e

(No de la espalda cuando aclare rasgando, está aclarando la apertura. Saque el coco de su concha y disuelva lo malo, y siempre deje paso para nosotros. Corta y abra la piedra para que el agua busque su honor. Eshu nos eleva a un lugar de honor. Eshu es bondad)

Coro: Eshu suwayo Alaroye mamakeniya Irawo e

Babaluayé eloro esi eloro fora saké

Babaluayé eloro esi eloro fora saké

(Babaluayé es el molendero del antídoto que guarda fuera de un pueblo malo. Molendero que lava el cuerpo y es aplicado en silencio)

Coro: Eshu suwayo Alaroye mamakeniya Irawo e

Moforibale Ogun alakuko.
Inle wama mi mobe o
O moro moro Omoro moro
Inle wama alakuko e
(Puse mi cabeza en el suelo al dueño del gallo, porque él es alto. Allanado la tierra siempre viene cuando lo pido. Niño de riquezas. Niño de tesoros y opulencia. Allanando la tierra siempre viene el dueño del gallo)

Coro: Eshu suwayo Alaroye mamakeniya Irawo e

TRES

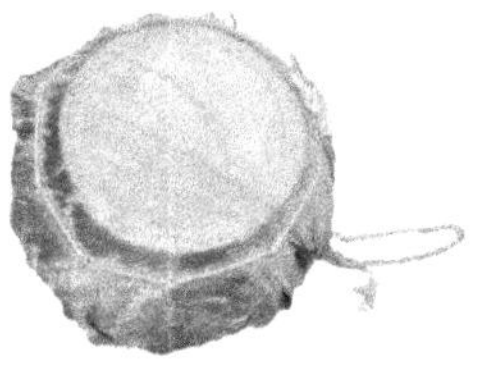

Ogun

Orisha guerrero junto a Eleguá y Oshosi; también incluye a Ozun en el clan. A él se le entonan cantos de alabanzas, reafirmación y súplicas para obtener el favor de su intervención en el buen desarrollo de los negocios y la aplicación de la justicia imparcial, y con el que hay que estar siempre en armonía para evitar los accidentes automovilísticos, rencillas con armas de fuego y punzo cortantes, problemas quirúrgicos, brujerías, entre otras calamidades que puede evitar.

Cantos de Ogún

1
Ogún dé arére, ilé gbón bo, lo kú wá,
Ogún wá níle, oke wá lona,
ilé gbón bo lo kú wá are.

Coro: Repite lo anterior

(Ógún llega silencioso (calmado), en {a tierra es el más antiguo que arribó, y fue a quedarse a vivir, Ogún viene a la casa, desde la cima viene por el camino, en la tierra es el más antiguo que arribó, y fue a permanecer con nosotros como jefe —en primer rango—).

2
Mariwó yéyéyé, Mariwó yéyéyé,
Ogún ashó Alawedé o

Coro: Repite lo anterior

(La palma se arremolina, la palma se arremolina)

3
Mo wi mobó, ni mobó, ashó Ogún Alawedé o
(Lo vestiré con esto para ser libre. Es el vestido de Ogún el herrero)

Coro: Eni mobo, ni mobó, ashó Ogún Alawedé

(Hoy lo cubriré con este vestido y seré libre. Ogún el herrero)

4
Awa nilé o Ogún mariwó;
Ogún afomolé onilé abe re mariwó,
Ogún dé Baba.

Coro: Repite lo anterior

(Venimos a ocupar su casa Ogún en la palma frondosa. Ogún destructor que construye su casa)

5
E mariwo yán ya. Ogún Arere Arere o. Ogún Arere Arere o.
(La frondosa palma que oscila uniforme dan la forma. Ogún jefe de Iré, el principal de Iré)

Coro: E mariwo yán ya

(Las palmas frondosas que oscilan uniforme señalan el camino)

6
Ko ko moda she leyó
(No, no, su sabiduría es tan buena como su trabajo, pero su forma

tan brusca de hacer las cosas ocasiona problemas)

Coro: Ko, ko

(No, no)

Arere moda she leyó

(Arere, su sabiduría es tan buena como su trabajo, pero su forma
tan brusca de hacer las cosas ocasiona problemas)

Coro: Ko, ko moda she le

7
A ma lá. Ogún Arere, a ma la e a

(Nos hicimos rico de hecho. Ogún, el poseedor del título de Iré,
nos hicimos rico de hecho)

Coro: Repite lo anterior

A ma lá. Ogún Arere, a ma la; o ké

(Nos hicimos rico de hecho. Ogún, el poseedor del título de Iré,
nos hicimos rico de hecho; usted nos acarició)

Coro: Repite lo anterior

¡E! A fere yo
(¡Eh! Queremos la bondad de la felicidad)

Coro: Repite lo anterior

Arere a fere yo
(El poseedor del título de Iré, queremos bondad de felicidad)

Coro: ¡E! A fere yo

8
¡E i ekua! ¡E i ekua!
Kéyé kéyé mo dá shé
Ogún aladó Orisha.

(¡Oh! ¡Oh! Grita para honrar, grita para honrar. Siempre actúo solo
Ogun. El que es dueño de la calabaza del encantamiento. Orisha)

Coro: Repite lo anterior

9

Iba riba ashe ké she, mo fo Ogún.

Coro: Ibariba she ké she

(Es el homenaje, reciba el homenaje, la autoridad aclama autoridad. Le hablo de Ogún.)

O mo wíré ni Odara.
O de Kálakala ni Shangó.
Mi kí, mi wo o.

Coro: Ibariba she ké she

(El que sabe narrar sobre Iré y tiene el poder de crear maravillas) Quien investiga las patrañas de Shangó. Le saludo a usted y cuido de usted)

Mo fo Ogún.

Coro: Ibariba she ké she

10
Sara iko ko Ogún dé, Ogún Onilé

(Ogú llega, sobre una hiena manchada llega Ogún. Es Ogún el dueño de la tierra)

Coro: Repite lo anterior

11
Ashé, ashé Ogún dé, Ogún Osha, Ogún Osha

(El que fractura y disloca, Ogún, victorioso llega. Ogún es la cabeza, Ogún es la cabeza)

Coro: Ashé, ashé Ogún dé

(El que fractura y disloca, Ogún, victorioso llega.)

Ogún Osha kówe lesha

(Ogún, el principal, es primero en ser lavado en casa de orisha)

Coro: Ashé, ashé Ogún dé

12
A Ogún meye meye, a meye meye
(¡Ah Siete Ogún! ¡Ah Siete, siete)

Coro: A Ogún meye e a

(¡Ah Siete Ogún!)

Meye meye
(Siete, siete)

Coro: A Ogún meye e a

(¡Ah Siete Ogún!)

Ogún meye
(Siete Ogún)

Coro: A Ogún meye e a

(¡Ah Siete Ogún!)

13
Arere owó; Arere owó. Ogún ma ayo Ogún. Ashé wé yé.
Ogún ma iré owó, ma iré owó
Aladó wé mí o. Otayo. Oba.

Coro: Repite lo anterior

(Jefe de Iré usted es dinero, Jefe de Iré usted es dinero. Seré su favorito Ogún, y pueda ser que me lave con el honor.
Definitivamente Ogún es la bondad en dinero, es definitivamente la bondad en dinero.
Quien posee el encanto de la calabaza me salvó. El que vende la alegría me ha pegado)

14
Ogún ni kolo, bowa lé, mariwó la oré
Akoro ni kolo, bowa lé, mariwó la oré.

C. Repite lo anterior

(Ogún se llevó a varios, volvió y dividió la casa. La palma frondosa a algunos amigos salvó.
El que se cubre con casco se llevó a varios. La palma frondosa a algunos amigos salvó.

Rezos

1

Ogún kowa mariwo
Ogún titimaro
Ogún Alawede
Ogún kubu kubu
Awá niye yeye Ogún toye
(Ogún se enrosca en las hojas del retoño de la palma, Ogún habitualmente es un herrero, Ogún el forjador, Ogún el de la temeridad, nosotros estamos elogiando, dulcemente Ogún merece una recompensa)

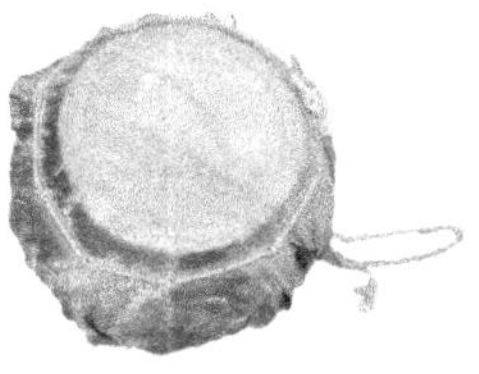

CUATRO

Oshosi

Forma parte del clan de guerreros en la Osha. Se dice de él que es el verdadero brujo, además de médico, justiciero y proveedor de alimentos. Su cercanía con Ozain le da el conocimiento de muchas plantas y hierbas. No posee muchos cantos. En ellos, se le hacen alabanzas, rogaciones y narraciones de su vida.

Cantos de Oshosi

1
Oshosi ayílodá,
malamala dé.

Coro: Repite lo anterior

(Oshosi rechaza y se lleva el hambre llega deslumbrando)

Oshosi, Babá ayílodá,

malamala dé.

Coro: Repite lo anterior

(Oshosi, el grande. Pdre rechaza y se lleva el hambre el hambre y que deslumbrando llega)

O má Oshosi, ode mata.
Oshosi, Babá ayílodá,
malamala dé.

(Usted Oshosi. Cazador no me dispare. Oshosi, el grande. Oshosi rechaza y se lleva el hambre el hambre y que deslumbrando llega)

Coro: Oshosi ayíloodá, malamala dé.

Ya beleke iworo ode má ta. Ago olona.

Coro: Repite lo anterior

(Rápidamente le pedimos al más grande cazador de la tradición de cazadores, no disparar. Abran paso en el camino)

Ode má ta. Ago olona. Ode má ta. Ago olona o.
(Cazador no dispare y abran paso al dueño del camino)

Coro: Ya beleke iworo ode má ta. Ago olona.

Shire shire
(Haga bueno, haga bueno)

Coro: ¡Ode ma ta! ¡Oré Oré!

(icazador no nos dispare! ¡Amigo, amigo!

Yire yire
(Conviértase en la bondad. Vuelva la bondad a mí)

Coro: ¡Ode ma ta! ¡Oré Oré!

2
Ode máta
(¡Cazador, no dispare!)

Coro: Ibanlá odefa

(Homenajes a la flecha del cazador)

Ode máta

(¡Cazador, no dispare!)

Coro: Ibanlá odefa

(Homenajes a la flecha del cazador)

3
Oshosi o mo mí. Warawara o ké o ké.
Oba loke o mo mí. Warawara o ké o ké.

(Usted me conoce Oshosi. Rápidamente consienta. El Rey que posee la montaña. Usted me conoce. Consienta rápidamente)

Coro: Repita lo anterior

4
Oshosi omolode, omo títi yó; e lé yo ládé

(Oshosi el niño que tiene la caza, quien está constantemente lleno. Quien sabe estar alegre tiene una corona)

Coro: Omolode, omo títi yó; e lé yo ládé

(Niño que tiene la caza, quien está constantemente lleno. Quien sabe estar alegre tiene una corona)

5
Orisha Oshosi sá kákale o. Omo lode.
Ode máta séle. Orisha sá kákale o. Omo lode.

(Orisha Oshosi, que corre y fuertemente. Es el niño de la caza. Cazador que nunca falla el disparo. Orisha, que corre y fuertemente. Es el niño de la caza.)

Coro: Orisha sá sá kákale o. Omo lode.

(Orisha, que corre y fuertemente. Es el niño de la caza.)

6
Yaku ma karere Oshosi oniyo

(Aunque su madre murió, sigue bien Oshosi. Hoy está regocijado.)

Coro: Ero osí Babá karere

(Él en calma nunca está.)

Moro koro omodé máta, moro koro omodé máta
Otani mama tará, eroni mamarora, lawede lorun

seriki.
Seriki orun afeleya, sakibisa oduroba.
Bo ba rena kemata ki yana ko.

Coro: Repite lo anterior

(Digo a sus hijos que él necesitará calma, a los hijos de este mundo digo, que corno hijo, Mata, tendrá enemigo en esta tierra. Calma no podrá tener hoy, porque seguirá con su dolor. El hierro (la flecha) que él lanzó al cielo, atravesó la cabeza (de su madre), el cielo determinó esa tragedia. Aquí ha nacido la tormenta, firmemente aquí se encuentra. Padre éste es su camino en el que se le permite estar, por ser Mata. La tragedia entrampó su camino está presente, pero él no la quiso)

Eri ki
(La cabeza es saludada)

Coro: Yana

(Se abrió paso a un pariente)

7
Kóro. Kóro. Kómode moro,
Layé, layé, kómo de kó dá.
Oshosi o ma o ma Oshosi omo Obatalá.
A wá de, omo le ni kí.
A wá de, omo o má fe wá.
A wá de, omo le ni kí.
A wá de, omo ya kú ara, ké ya kú ara.
Kó ro. Kó ro. Kó mo de moro.

Coro: Repite lo anterior

(Enséñele costumbres tradicionales. Enséñele costumbres tradicionales. Enseñe al niño del cazador esas costumbres tradicionales. Enséñele a ese niño a cantar bien para que tenga el mundo. Oshosi lo sabe. Buscamos al cazador; el poderoso hijo que es saludado. Buscamos al cazador, al niño que usted siempre quiere traer. El niño del poderoso que es saludado. El hijo que conoce a los parientes muertos y son felices conociéndolos. Enséñele costumbres tradicionales. Enséñele costumbres tradicionales. Enseñe al niño del cazador esas costumbres tradicionales)

8

Yáa kú o. Ode sha kuelé Adé sha kuelé.
Osha ni wewe, oko ni de, bo baréna. Eri ki Yana.

(Saludos rápidos a usted, cazador que usa cuchilla, sea amable. Es el coronado que acuchilla, tanga cuidado. Es el dueño de la ribera que lanza navajas, que caza pieles con posiciones de emboscada para entrampar primero)

Coro: Repite lo anterior

Yáa kú o. Adé sha kuelé Ode sha kuelé.
A bá bi olosha. A farí bebe. A fari bebe.
Oko ni de bo baréna. Eri ki Yana.

(Saludos rápidos a usted, coronado de ligeras cuchilladas. Cazador de ligeros cortes. Nos encontramos en el nacimiento de una cabeza que ha sido seleccionada. Por eso nos afeitamos la cabeza, afeitamos la cabeza. El que caza en posiciones de emboscada y salta para atrapar primero las pieles. Saludamos a la cabeza que muestra el camino a un pariente)

Coro: Repite lo anterior

Rezos

1
Oshosi ode mata,
Esi duro, duro mata
Ode kamara suniyo

(Oshosi constantemente lanza, ante Esi se detiene, alrededor habitualmente apunta al cuerpo con su arma y logra escapar)

CINCO

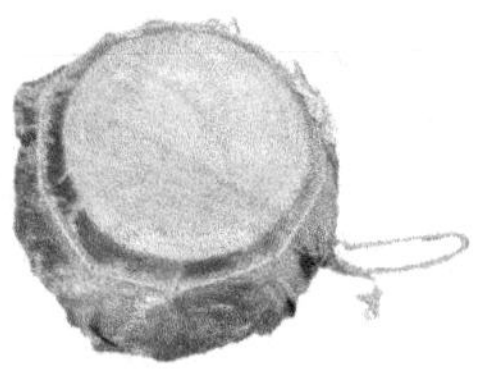

Inle

Inle o Erinle, forma parte del clan de cazadores entre los que están Ogún y Oshosi. Inle es en síntesis la representación del poder de la caza, la pesca, el poder curativo de las hierbas y también el agua. Precisamente, en sus cantos de alabanzas se le menciona como el gran padre y orisha que está dentro del agua (**Baba waumbe nísale omi**). Se dice que originalmente fue el Orisha de la medicina, función que hoy comparte con Ozain. Está estrechamente ligado a Oshosi y a Abata que es su esposa. Abata es la representación del pantano o aguas estancadas.

Cantos de Inle

1
Yé ó Inlé, ó inle o inle, ayá yá ó inle.

Coro: Repite lo anterior

(Permítele a él, tierra, a él, tierra, a él, tierra, como el perro al andar el camino, a él, suelo.

O Inle, Inle, Inle, o Inle

Coro: Repite lo anterior

(Él es Inle en la tierra, Inle en la tierra)

2
Shó shó shó pá mí, Inle aya ya shó pá mí

Coro: Repite lo anterior

(Mire, mire. Mire mi bastón. Inle en la tierra, es muy valiente y me mira personal)

3
Dárayá. Koko dárayá. Dárayá

Coro: Repite lo anterior

(Él, que es alegre. Lobo alegre. Él, que es alegre)

Koko dárayá
(Lobo alegre)

Coro: Dárayá. Koko dárayá. Dárayá

(Él, que es alegre. Lobo alegre. Él, que es alegre)

4
O mo sitó. O mo sitó,
Inle Aládé. Kó moyo. Kotó.

Coro: Repite lo anterior

(Saben que él brota como un pequeño manantial. Saben que él brota como un pequeño manantial. Inle en la tierra. Propietario de la corona. Aprendamos que él nos quitó el peligro. Aclamen al pequeño manantial)

5
Inle. Abata. O nse ma shílé wení
Ala gan ná, oré ewekun, ayuba
Korikoto ayuba. Ayanú ayuba.

Coro: Repite lo anterior

(Inle. El estanque. Usted abre la casa un niño con cariño. Salva a las mujeres estériles y amigo de niños fuertes. Te rendimos homenaje.

6
Inle ona wé. Tóna na

(Inle, el camino se tuerce. Tome el liderazgo y enderécelo)

Coro: Inle ona wé to

(Inle ponga el camino en orden)

ABATA

Yá ó kú mokarele abata
Ero ósin gbangba kárele,
gbangba kárele, gbangba kárele o.

Coro: Repite lo anterior

(Andando en el camino, que no muera nunca al concluir hundido en el pantano. El peregrino que no es llevado de la mano en el espacio abierto finaliza hundiéndose, en el espacio abierto finaliza hundiéndose, en el espacio abierto finaliza hundiéndose.

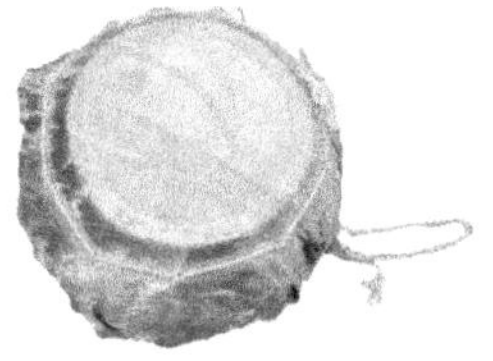

SEIS

Babalu Aye

Conocido como padre dueño del mundo (Baba lu aiyé). También como Obaligbo (rey del bosque), Asojanu (quien emite quejas por misericordia), Obalúaye (rey dueño del mundo), Omolú (niño del señor), entre otros. El yoruba/lucumi le tiene profundo respeto, por la representación que tiene de la muerte a través de la enfermedad (aro), particularmente de la viruela y la lepra. Pero es el orisha al que se le invoca también para a través de alabanzas solicitar su favor para la vida, la curación de enfermedades.

Cantos de Babalú Ayé

1
Bá riba ogé dé má
(Encuentre al Rey. El que corta siempre llega)

Coro: Mólé ya nsá. Molé yá

(Rápidamente limpie la casa para evitarlo a él. Limpie rápidamente la casa)

O kan o kan o kan
(Él es justo, malhumorado y destila)

Coro: Repite lo anterior

Díña díña díña
(El que bloque el sufrimiento, lo bloque, lo bloquea)

Coro: Repite lo anterior

Gbáké gbáké gbáké
(Limpiando la herida, limpiándola, la herida)

Coro: Repite lo anterior

Dule dule diñá
(Con firmeza, esfuércese, esfuércese y bloquee el sufrimiento)

Coro: Repite lo anterior

2
Agádágodo awá leri so.
Agádágodo awá leri so. Ore Baba
Babalú Ayé awá leri so. Ore Baba.

Coro: Repite lo anterior

(Ata y cierra nuestras cabezas. Padre socórreme. Padre dueño del mundo estamos atados y con granos en la piel, favorézcanos)

3
Baba e Baba soroso. Babalú Ayé iyan fomore
Baba shire shire

Coro: Repite lo anterior

(Padre, señor que ata y facilita el crecimiento. Padre del mundo salta y castiga a su niño —hijo—. Padre, haga las cosas buenas, haga lo bueno)

Shire shire imogbá

(Haga lo bueno, la bondad. Dar conocimiento claro de la bondad)

Coro: Baba shire shire

(Padre, haga las cosas buenas)

Babalú Ayé yan fomo le
(Padre del mundo que escoge fregar la salud del niño)

Coro: Baba shire shire

(Padre, haga las cosas buenas)

4
To we to we, Ananu fiña ma wé.
Ananu fiña ma wé. Asojanu tó we a
(Es provocado para lavar, provocado para lavar. Ananu usa el sufrimiento. Ananú usa el sufrimiento. Por la costumbre nosotros lavamos, nosotros lavamos. ¡Asojanu, el que tiene la escoba provoca que lavemos, ah!)

Coro: To we to we, Ananu fiña ma wé

(Es provocado para lavar, provocado para lavar. Ananu usa el sufrimiento. Ananú usa el sufrimiento. Por la costumbre nosotros lavamos, nosotros lavamos)

5
Aso kara kara, ¡suña gé we a, suña gé we a!
(Crecimiento que es fuerte y profundo, afecta a más erupciones, ¡inunda a la juventud cortada oh! ¡inunda a la juventud cortada oh!)

Coro: Aso kara kara, ¡suña gé we a!

¡Suña gé we a súbo, suña gé we a!
(¡La erupción inunda la juventud que es cortada, nos cubrimos con la viruela! ¡La erupción inunda la juventud que es cortada oh!

Coro: Aso kara kara, ¡suña gé we a!

6
Ambe, Alánbe leta naká na so kuto. Ambe, Alánbe leta naká na so kuto.

Coro: Repite lo anterior

(Estamos vivos, pero el dueño de la vida agujerea para extender alrededor del brote. Largas vida de existencia. Estamos vivos, pero el dueño de la vida agujerea para extender alrededor del brote. Largas vida de existencia

7
Wúre wúre Alánbe le ko Baba lóde

Coro: Repite lo anterior

(Estás deseando más bendiciones. Estás deseando más bendiciones. El dueño de la vida te puede confrontar. Padre que está en las afueras)

Alánbe le ko Baba lóde

Coro: Wúre wúre Alánbe le ko Baba lóde

8
Awíná dewó o awíná dewó o.
Awíná dewó o. Awíná Azodyi ré.
Awíná dewó o awíná dewó o.
Awíná dewó o. Awíná Azodyi ré ashé

Coro: Repite lo anterior

(Hablamos en primer lugar, relajamos el sostén. Hablamos en primer lugar, relajamos el sostén. Hablamos en primer lugar a Azodyi para que sea amistoso con nosotros. Hablamos en primer lugar, relajamos el sostén)

9
Wúyé ma wu ye. Wúyé ma wu ye ma wé

Coro: Repite lo anterior

(Adula al líder. Adularé al líder. Adula la sabiduría. Adularé la sabiduría. Lo imitaré)

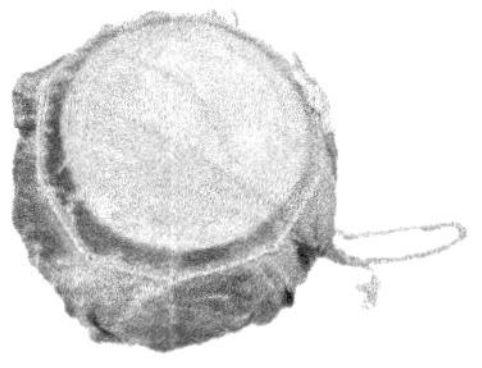

Orishaoko

Orishaoko, el de Irawo. Se dice que fue su fundador. Inicialmente fue cazador trampero, sobre todo de gallinas de guinea (etú). Fue desterrado al bosque por haber infringido la ley divina de comer el primer ñame de la cosecha que es destinado a la tierra. Su esposa lo alentó a construir una granja que dedicó a la agricultura. Para entonces, los frutos que daba la tierra se recolectaban de manera silvestre y natural. Sus cantos van orientados a alabarlo para que ayude en la fecundidad en las mujeres y el proveer del alimento al mundo.

Cantos de Orishaoko

1
Orishaoko Olóyin,
Olóyin. Orishaoko Olóyin lóro

Coro: Repite lo anterior

(Orisha de la granja, dueño de la miel, el de la miel. El Orisha de la granja, dueño de la miel, de la miel pura)

2
O dé éni o
(Él se cubre, se cubre con eso)

Coro: ¡A! Eéyí o

(¡Ah!Es el sarampión)

O dé bí ago
(Con lo que se cubre él, dio nacimiento al traje de Egúngún)

Coro: Bí ala ko mo dé, o má ala. Bí ala ko mo dé éyi o.
¡A! Eyi o.

(Permita que nazca el defensor de la tela blanca, defensor de los niños cubiertos con sarampión. ¡Ah! Es el sarampión

Ko mo dé eyí o
(Defienda a los niños con sarampión)

Coro: ¡A! Eyí o

(¡Ah!Es el sarampión)

3
Yo mbá ile mí shire re o o o.
Yo mbá ile mí shire re Orisha Oko.
Yo mbá ile mí shire re kókó a ro.

Coro: Repite lo anterior

(Alégrense, encontraron al espíritu de la tierra que produce bondades. El orisha de la granja. Alégrense, encontraron al espíritu de la tierra que produce bondades)

Yo mbá ile mí shire re kókó a ro.

Coro: Repite lo anterior

(Alégrense, encontraron al espíritu de la tierra que produce bondades)

4

Omo odara, de yí, omo odara yo,
Omo odara, de yí, omo odara yo.
Olodumare dé yí, omo odara Orisha Oko.

Coro: Repite lo anterior

(El hijo que crea maravillas, proteja a ese niño. Tenga usted misericordia. Olodumare protege a su niño, el que crea maravillas. El orisha de la granja)

5
Orishaoko aféfé yawo.
Mo wí mo wí mo márí iwo.
Orishaoko ogún fere ya wo.
Mo wí mo wí mo márí iwo

Coro: Repite lo anterior

(Orishaoko, el viento lo convierte en un conocedor de los misterios. Yo le hablo, le hablo. Siempre le hablo para verlo. Orishaoko medicina que estalla esparciendo la bondad. Yo le hablo, le hablo. Siempre le hablo para verlo)

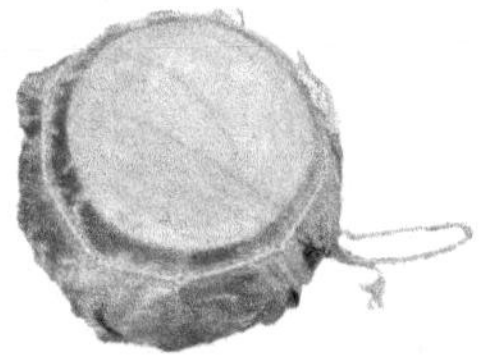

OCHO

Oke, Kori koto, Ogue, Ibeyi y Dada

Estos orishas tienen la particularidad de estar conectados con el fenómeno de dar nacimiento. **Oke** es usual y constante compañero de Obatalá, es su piedra fundamental, símbolo de firmeza. Para los lumi representa la montaña. **Kóri koto** por su parte, es conocido por dar fertilidad y permitir la concepción de niños en las mujeres infértiles. En Cuba se representa con un espanta pájaros. **Ogue**, quien está representado por un par de cuernos, está asociado a Shangó de quien representa la fuerza y defensa de aquel. **Ibeyi**, gemelos. Significa imploración doble. Ellos son adorados y bailados para que su simpatía y generosidad premien a las madres que piden sus favores. Defienden a sus devotos contra la maldad y la brujería. **Dada**, representa la bondad. Se dice ser el orisha de

los niños recién nacidos, la belleza y las artes, como también
de los frutos y vegetales.

Cantos de Oke

1
Títí láí toke.
Títí láí toke.
(Ríndale culto a la montaña siempre hasta la cima. Ríndale culto a
la montaña siempre hasta la cima)

Coro: Ayaa hu ma ima títí lai toke. Ayaa hu ma ima

(Siempre hasta la cima, verdaderamente como la planta trepadora)

Fun mi latiwa

Coro: Repita lo anterior

(Deme riqueza de carácter)

Aro latiwa

Coro: Repita lo anterior

(Forjamos riqueza de carácter)

Cantos de Korikoto

1
Kóri koto mí lodo
(Kóri el de la calabaza profunda, espíritu del río)

Coro: Orisha ewe mí lodo

(Orisha de los niños, espíritu del río)

Kóri sí omo
(Kóri es de los niños)

Coro: Eyankó ro

(Al pueblo le llegan riquezas)

Kóri sí omo
(Kóri es de los niños)

Coro: Eyankó ro

(Al pueblo le llegan riquezas)

Cantos de Ogue

1
Olóyú loyú re
(Dueño de la cara de bondad)

Coro: Olóyú loyú Ikoko

(El dueño de la cara. Dueño de los secretos de la cara)

O. Ma la ma la adé
(Llega el que deslumbra, que constantemente parte y raja con la corona)

Coro: Ogue

(Es con Ogue que obstenta)

Bi ni yo fún o
(Da nacimiento para obtener la felicidad)

Coro: Ogue

A bo oso dí o
(Rendimos culto al portavoz de lo bueno, que embruja con aferramiento)

Coro: Ogue a bo oso dí o, Ogue

Cantos de Ibeyi

1
Omo beyi, omo gbé ká rére
(Niños nacidos en dos, hacen ruido y acaban con el silencio)

Coro: Kenré kenrén yá

(Poco a poco abren el camino, dale gran importancia)

Alagba ayan, a lagba kárére
(Tocan con insistencia el tambor acabando con el silencio)

Coro: Kenré kenrén yá

2
Beyi la omo edun.
Beyi beyi la. Obékún iyá re
(Dé nacimiento a dos y sea rico. Niños del mono nacen dos. Dé nacimiento a dos y sea rico. Cortaron el llanto y consolaron a sus madres)

Coro: Repite lo anterior

3
Beyi la ese aremú.
Beyi lorun e se
(Dé nacimiento a dos y sea rico.)

Coro: Repite lo anterior

4
Olomo beyi mokara wá, kara wá bóyá re.
Olomo beyi mokara wá, kara wá bóyá re.
(Los padres de los niños nacidos dos saben que pasteles de frijoles hechos por la madre son buenos para ellos, para consolarlos)

Coro: Beyi mo kara wá kara wá bó ya re.
Olomo beyi mokara wá

(Los nacidos dos saben que pasteles de frijoles hechos por la madre son buenos para ellos, para consolarlos. Los padres de los niños nacidos dos saben que pasteles de frijoles se preparan para ellos)

Cantos de Dada

1
Dada omo lówo,
Dada omo lu be eyo

Coro: Repite lo anterior

(El que nació con pelo crespo, el único. Tiene el dinero. Es el niño con cauris en el pelo crespo)

Dada omo lówo orí,
Dada omo lu be eyo

Coro: Repite lo anterior

(El que nació con pelo crespo, el único. Niño con la cabeza llena de riquezas. Es el niño con cauris en el pelo crespo)

Ero Dada
(El apacible con pelo rizado)

Coro: Má so kúmá

(No te rindas de nuevo a la muerte)

O kú ni Dada
(Larga vida al de pelo rizado)

Coro: Dada ma so kúmá.

(Dada no te rindas de nuevo a la muerte)

Ero adáshe belona, fun mi lokan sú mere ye.
(Lo apacible, actúa y le pide al dueño del camino que le dé cauris para sembrar, ganar y vivir)

Coro: Dada má so kúmá

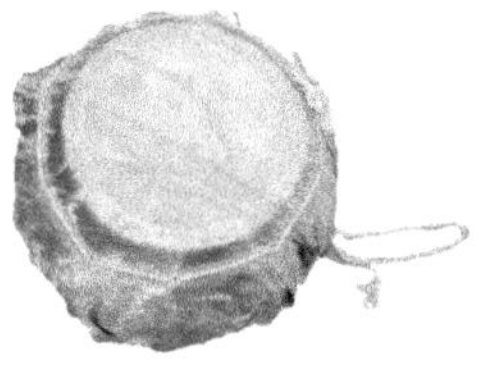

NUEVE

Agayú

Llamado el gigante de la osha, representa la fuerza extraordinaria y el fuego abrasador que emana desde el interior de la tierra. Como trabaja también en apoyo a la labor de otros orishas, se le conoce como el bastón de la osha, su soporte. Es el eslabón que une, fortalece, unifica, transforma y da oportunidad de nueva vida.

Sus cantos son de alabanzas, de alegorías, de historia, rogativas y reafirmación.

Cantos de Agayú

1
Eléko e Eléko e Agayú,
Eléko kue layé
Coro: Repite lo anterior

(El dueño vigoroso, el dueño vigoroso. Agayú dueño del vigor lo clamamos a usted como jefe en la tierra)

2
Omoba tele, tele omoba. Omoba tele.
Agayú, Omoba tele.
Ení aládó, oní Shangó.
Omoba tele. Sho koto.

Coro: Repite lo anterior

(El príncipe pasea en la tierra. El príncipe pasea en la tierra. El príncipe camina. Agayú, eel príncipe pasea la tierra. Poseedor de la calabaza de medicina, poseedor de Shangó. El príncipe pasea en la tierra, es el mago de vasija profunda)

3
Agayú sholá nyí o (ñío). Agayú sholá nyí o (ñío).
Baba nya (ña) she ráko

Coro: Agayú sholá nyí o (ñío)

(Agayú abraza la riqueza. El padre inunda la granja para desaparecer)

4
Agayú shola kíniwa kó ma she ni yóyó

(Agayú hace riquezas, reunimos los que se puede. No disuelva)

Coro: O ya, o ya, o tapá, o ya, oya.

(Inunda, inunda. Él ya adelanta nuestros asuntos. Inunda, inunda)

5
O ké. O ké ó mo lorisha. Agayú o mo lorisha.
Agayú ó mo lo nse ere.

(Él lo acaricia y lo mima. Agayú conoce a los sacerdotes de orisha. Agayú conoce a los sacerdotes de orisha. Agayú conocido por por dar beneficios)

Coro: O ké. O ké. Agayú o mo lorisha

6
Shoró ro eléwe mi shoró ro Agayú

(Él hace que el veneno sea feroz, dueño del espíritu de las hojas. Hace el veneno feroz Agayú)

Coro: Repite lo anterior

7
¿Taní la? Osha ma mawo tani la. Osha ma mawo

Coro: Repite lo anterior

(¿Quién se hace rico? El Orisha sabe el secreto de quién se hace rico. El orisha sabe el secreto)

Shola kini wa ma mawo taní la. Osha ma mawo

Coro: Repite lo anterior

(Fabricante de la riqueza, el primero en investigar para saber la verdad el secreto de hacerse rico. Los orishas saben el secreto)

A nya (A ña) ita so róyú.
A nya (A ña) ita so róyú.

Coro: Repite lo anterior

(Revolucionamos para mejorar las oportunidades. Revolucionamos para mejorar las oportunidades)

8
Má, má, má so ró so ayé.
Agayú soró so.
(No haga, no, no haga elevar la gota que estalle la tierra. Agayú eleva y deja caer la gota)

Coro: Má, má, má soró so ayé

Agayú soró so

Coro: Má, má, má soró so ayé

9
Ekó shola kini gba ó.
Ekó shola kini gba ó.
Akará shola kini gba, ó ló unye mo da kí o.

Coro: Repite lo anterior

(El ekó, Shola es el primero que la recibe (bis) la akara (mecha encendida) Shola es el primero que la recibe y usa como alimento la desaparecida brea que ardía)

10
Manamáná lo kan ñoro oke lorisha
Manamáná lo kan ñoro oke lorisha
Oke lorisha o.
Agayú felera o
Agayú yamunu yamunu
Agayú shola kiniba wo ló unye modanki o

Coro: Repite lo anterior

(El relámpago torcido que intimida y funde furioso. Montaña que
es un orisha. Montaña que es orisha, Agayú expande la salud.
Agayú es la lava que se vuelve, desaparece. Agayú hace la riqueza.
Quien saluda como rey. Calienta la comida. Yo le saludo exclusiv-
amente)

Rezos

1
Olúba tayo máriki ola oge
Oba Agayú, ishols mi ilé
Ebo o kiyo, amala kú o
O kú o tani oka mayan bí o e

(El rey que es superior y alcanza siempre la ostentosa riqueza. Rey
Agayú, el guardián de riquezas, agita la casa. El Ebo que usted el-
igió para satisfacer el apetito es el amala, pure de ñame. Se saluda
al bastón que es el favorito para dar nacimiento a la persona)

Coro: Shangó niyo momi o e
Shangó niyo momi o e
Oní Koso ni mole sowo sinso olamala kú o
O kú o tani oka mayan bí o e

(Shangó es satisfecho al beber el agua de la persona. Dueño de
Koso y del brillo luminoso lanzado desde la punta de su lanza,
encaja la riqueza, también es agradado con el puré de ñame. Se saluda al bastón que es el favorito para dar nacimiento a la persona)

Ya mulelé. Ya mulelé. Ya mulelé Olúwa mi
Ya mulelé. Ya mulelé. Ya mulelé Olúwa mi
Aga osi o lobale, sinsowo ola, kú Amala o
O kú o tani oka mayan bí o e

(Apague firmemente arraigando la casa. Apague haciendo un acuerdo con la casa. Apague firmemente y arraigue la casa, mi señor. La escalera de mano se tuerce tocando la tierra. Tirando lo anterior lancea la riqueza. Le saluda las gachas de ñame. Se saluda al bastón que es el favorito para dar nacimiento a la persona)

Coro: Shangó niyo momi o e
Shangó niyo momi o e
Oní Koso ni mole sowo sinso olamala kú o
O kú o tani oka mayan bí o e

DIEZ

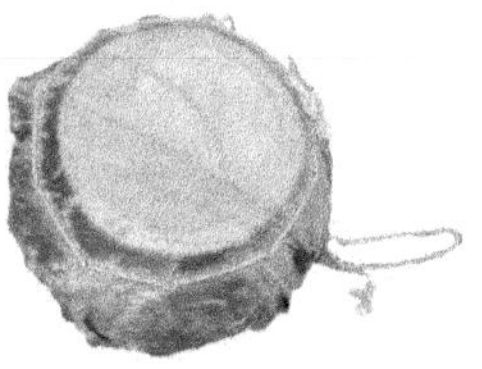

Shango

Es sin dudas el más dinámico, cautivador y audaz orisha que llegó a América. En Cuba fue llamado a ser el más importante de una cultura materialista originada por el lucumi, el tambor. Considerado el rey de la religión. Dios del trueno, siendo su consorte el torbellino, la orisha Oyá. Justiciero y perseguidor de malhechores y mentirosos. No existe iniciación de devotos sin cantos y en ellos está presente siempre Shangó.

Su cantos y alabanzas son de reafirmación, de historia, plegarias, rogativas y puyas.

Cantos de Shangó

1
E wé milere, lúbe o ma yó.
E wé wé mi. O ma yo.

Shangó, e wa ye, o ma yó.

Coro: Repite lo anterior

(Me acaricias tener ganancias. Índigo rojo inteligente y está sobre la rebosante verdad. Acaricia, acarícieme. Está encima de la fluida verdad. Shangó es buscado para la vida. Está por encima de la verdad)

Emí so emí, Aladó so moje jere mi ye

Coro: Repite lo anterior

(Vida produce vida. Dueño de la calabaza del hechizo hace que coma las ganancias para la supervivencia)

Mo je. Mo je

(Como. Yo como)

Coro: Mo je jere mi ye

(Como mis ganancias. Sobreviviré)

Mo je amala

(Como gallo)

Coro: Mo je jere mi ye

Mo je akúko

(Como la batea de ñame)

Coro: Mo je jere mi ye

Mo je ogede

(Como plátano)

Coro: Mo je jere mi ye

Mo je ayapá

(Como tortuga)

Coro: Mo je jere mi ye

Mo je agbo

(Como carnero)

Coro: Mo je jere mi ye

¡Mo je a! Shangó
(Sí. ¡Yo Como! Shangó)

Coro: ¡Mo je a! Shangó

2
Ọba lu bẹ Ọba. Ọba lu bẹ, Oba yè.
Ọba lu bẹ Ọba. Ọba lu bẹ, Oba yè.
Ọba yè, Ọba yá ná, yáná
(El rey existe, existe, el rey está vivo. El Rey está vivo, el que se calienta con el fuego, se calienta con el fuego, se calienta con el fuego)

Coro: Repite lo anterior

Ọba shéré Shangó ilóro.
Ọba shéré Shangó ilóro
(El rey de los sonajeros (maracas), Shangó es rico. El rey de los sonajeros (maracas), Shangó rico)

Coro: Ọba shéré Shangó ilóro. Ọba shéré

(El rey de los sonajeros (maracas) Shangó es rico. El rey de los sonajeros (maracas)

Shangó ilóro
(Shangó es rico)

Coro: Ọba shéré Shangó ilóro. Ọba shéré

Amala, Ogodó, ilóro
(La batea con puré del ñame, es la gloria del mortero, es rica)

Coro: Ọba shéré Shangó ilóro. Ọba shéré

Aládó ilóro
(El que posee la pequeña calabaza del encanto es rico)

Coro: Ọba shéré Shangó ilóro. Ọba shéré

3
E ayo, e wéwe mi ayo
(El de la felicidad que envuelve a los niños de felicidad)

Coro: E ayo

(Él que es alegre)

Shangó e wéwe mi ayo
(Shangó envuelve a los niños de felicidad)

Coro: E ayo

Oba e wéwe mi ayo
(El rey que envuelve a los niños de felicidad)

Coro: E ayo

Yónla, Shangó niyónla agongon, oluwo, olufiná be wawó
(Las exhalaciones dividen. Shangó dueño de las exhalaciones, divide. Es la rapidez del jefe del iniciado, que usa el fuego, le pedimos que cese)

Coro: Aládó, Elúfiná, be wawó

(Él, dueño de la calabaza de la pequeña de la medicina, jefe que usa fuego, le pedimos que cese)

Shangó aládó Olúfiná, be wawó
(Shangó, dueño de la calabaza de la pequeña de la medicina, jefe que usa fuego, le pedimos que cese)

Coro: Aládó, Elúfiná, be wawó

4
Mo foríbo rere

Coro: Mo foríbo rere

(Mi cabeza es cubierta con lo bueno)

Mo foríbo rere o. Shangó tó kán O ya, dé

Coro: Repite lo anterior

(Mi cabeza es cubierta con lo bueno. Shangó el digno. El que rasga llega)

Mo foríbale. Onilé a kú o.
A wánilé onilé o ya
Mo foríbale. Onilé a kú o.
A wánilé onilé o ya

Mo foríbale. Shangó lúba mí
(Pongo mi cabeza en la tierra. Larga vida a su dueño. Venimos al dueño de la tierra que rasga)

Coro: Aládó lúba mi

(El que posee la pequeña calabaza del encanto)

5
Wúre wúre kore Iróko.
Iróko lo kéké.
Araba ile koríabanya (koríabaña.
Abanya (Abaña) mi titi,
Olú Koso alá mala dé
(Imploro las bendiciones, pero no las de Iroko. Iroko molido por el escarabajo que perfora. El árbol de algodón no percibe el gancho del escarabajo que lo rasga)

Coro: Iná bú káka

(El fuego que ruge con violencia)

¡Ma woó!
(¡Mire, es así!)

Coro: Iná bú káka

¡Ka ma woó!
(¡Permítanos! ¡Mire, es así!)

Coro: Iná bú káka

6
Shangó ya mala koíde.
Shangó ya mala koíde.
(Shangó hace el desvío para salvar la pluma del loro. Shangó hace el desvío para salvar la pluma del loro)

Coro: ¡E A! A ye Shangó ya mala koíde.

(¡Hey! ¡Ah! Estamos aquí porque Shangó hace el desvío para salvar la pluma del loro)

7
E A Shangó butí awa

(¡Ah! Shangó toma nuestro vino)

Coro: ¡E A!

(¡Ah!)

Shangó lá malá mala
(Shangó lame siempre la batea del ñame)

Coro: ¡E A!

Yonse mí
(Shangó satisface el apetito en el fogón)

Coro: ¡E A!

Elube Shangó
(Shangó penetra y divide)

Coro: ¡E E!

(¡Eh, Eh!)

Elube amala
(El que penetra y rebana la batea del ñame)

Coro: ¡E E!

(¡Eh, Eh!

Elube ayakuá
(Que agujerea y rebana, la tortuga)

Coro: ¡E E!

(¡Eh, Eh!)

Elube lube yo gbala
(Que agujerea y rebana y agujerea para satisfacer su apetito. Rescatador)

Coro: Elube lube yo gbala

Aya wa nílé Oba Koso
(En la casa está la valentía del rey que no se ahorcó)

Coro: Aya wa nílé Oba Koso

8
Ení aládó koyu dé bole. Ení aládó koyu dé bole.
Títí laye Shangó Oba Koso
(El poseedor de la calabaza del encanto no se deteriora, llega con fuerza. El poseedor de la calabaza del encanto no se deteriora, llega con fuerza. Shangó vive para siempre. El rey no se ha colgado)

Coro: Repite lo anterior

9
Alakata ni mó Oba. Orisha léwa wo, Shangó.
Alakata ni mó Oba. Orisha léwa wo, Shangó
(Él, se extiende a lo ancho y lejos, es conocido como Rey. Es Orisha de bonito mirar)

Coro: Alakata ni mó Oba. Orisha léwa wo,
Alakata ni mó Oba. Orisha léwa wo,

Alakata ni mó Oba. Orisha léwa wo, Alafin
Alakata ni mó Oba. ¿Tanímo de léwa wo?
(Él, se extiende a lo ancho y lejos, es conocido como Rey. ¿Qué niño encadenado.es de bonito mirar)

Coro: Alakata ni mó Oba. Orisha léwa wo,
Alakata ni mó Oba. Orisha léwa wo,

Ewa we léwa wo
(Los frijoles rojos cocinados son bonitos de mirar)

Coro: Oká baba seléwa

(El maíz de guinea es el de la belleza)

Adé Nyin léwa wo
(La corona que siempre alabamos es bota de mirar)

Coro: Oká baba seléwa

¿Taní mo de léwa wo?
(¿Qué niño encadenado es bonito de mirar?)

Coro: Oká baba seléwa

Ewa we léwa wo

(Los frijoles rojos cocinados son bonitos de mirar)

Coro: Oká baba seléwa

10
Shangó ta mule
(Shangó derrama sobre la tierra el vino de palma)

Coro: Ala mo fiye

(Uso la cima de la colina para vivir)

Aró ta mule
(El del título ogboni derrama sobre la tierra el vino de palma)

Coro: Ala mo fiye

Gbogbo ta mule
(Todos derraman sobre la tierra el vino de palma)

Coro: Ala mo fiye

11
Shangó araba, ní bode.
Shangó araba, ní bode.
¿Ode ma taní bode?
Shangó araba, ní bode.
Araba Koso ní bode.
Oba Koso ní bode.
(Shangó, el árbol de algodón de blanca seda nació al aire libre.
Shangó, el árbol de algodón de blanca seda nació al aire libre.
¿Quién nació al aire libre, siempre estará al aire libre?
Shangó, el árbol de algodón de blanca seda nació al aire libre. El
árbol de algodón de blanca seda de Koso nació al aire libre. El rey
de Koso nació al aire libre)

Coro: Repite lo anterior

12
Ká woó e. Ká woó e.
Ká woó e Ka biye síle o.
Ká woó e. Ká woó e.
Ká woó e. Ka biye síle o.
(Permítanos verlo. Permítanos verlo. Permítanos verlo su majestad.

Permítanos verlo prospera la vida en la casa)

Coro: Repite lo anterior

Ká woó e. Aládó.
Ká woó e. Amala ka woó e.
Ka biye síle o.
(Permítanos verlo, dueño de la pequeña calabaza del encanto.
Permítanos verlo Batea del Ñame, permítanos verlo. Permítanos
engendrar la vida en la casa)

Coro: Ká woó e. Ká woó e. Ká woó e Ka biye síle o

13
Ará popo títí laró
(El trueno suena y violentamente cruje cuando choca)

Coro: Ará popo

(El trueno suena)

Aro. Aro
(El pez gato eléctrico. El pez gato eléctrico)

Coro: Ará popo

Shangó aro
(Shangó el pez eléctrico)

Coro: Ará popo

Elúbe aro
(Índigo rojo, el pez gato eléctrico)

Coro: Ará popo

14
Iyá Mase lo bí Shangó. Iyá Mase lo bí Shangó.
Gbogbo ará ye oníge le
Iyá Mase lo bí Shangó
(Iyá Mase parió a Shangó. Todos los habitantes eluden al del
pecho poderoso. Iyá Mase parió a Shangó)

Coro: Repite lo anterior

Aya lá. Iyá Mase lo bí Shangó
Gbogbo ará ye oníge le
Iyá Mase lo bí Shangó
(La esposa se salva. Iyá Mase parió a Shangó. Todos los habitantes eluden al del pecho poderoso. Iyá Mase parió a Shangó)

Coro: Repite lo anterior

15
Shangó e wé meye
(Shangó me lava para darme honor)

Coro: Repita lo anterior.

Baba mi Shangó e wé meye
(Mi padre. Shangó me lava para darme honor)

Coro: Baba mi Şango e we meyẹ

Shangó lara mí. Shangó lara mí.
(Shangó posee mi cuerpo. Sàngó poseen mi cuerpo)

Coro: Shangó lara mí. Shangó lara mí.

(Shangó posee mi cuerpo. Sàngó poseen mi cuerpo)

Shangó, Ọba Ko so; Shangó, Ọba Ko so
(Shangó, Rey que no se colgó, Shangó, Rey que no se colgó)

Coro: Shangó, Ọba Ko so. Shangó, Ọba Ko so

La meta, ele le, mí Agogo
(Toca tres veces el Àgògo para llamar al espíritu de la fuerza rica poderosa)

Coro: La meta, ele le, mí Agogo

16
Ení ogodó kuá mí. Ení ogodó kuá mí.
Amala pupa kínyaro
Eyelé le we mí o
Dúrode ní Iba Sókótó
(El que tiene la gloria del mortero me intimida. El que tiene la gloria del mortero me intimida. El puré de ñame rojo lo inspira a

dejar su fiereza. La paloma puede limpiarme. Esperando al rey de
Sókótó)

Coro: Repite lo anterior

17
Ki rile ni foba. A ri yayá kí rinya (kiriña)
(Saludo al rocío poderoso que cubre al rey. Vemos un collar de
cuentas. Saludo al rocío que lo rasga)

Coro: A ri yaya kíriña

(Vemos un collar de cuentas. Saludo al rocío que lo rasga)

Ogodo ogodó mí
(El hueco lleno de agua, es la gloria del mortero, el agua)

Coro: A ri yaya kíriña

Kiriña lóya dé
(Saludo al rocío que lo rasga, el único que rasga llega)

Coro: A ri yaya kíriña

18
Okoto e awá méfa. Okoto e awá lóna
Ogodó e a wá méfa, ogodó e awá lónu
(Calabaza profunda para aceite de palma. Venimos seis. Calabaza
profunda para aceite de palma. Venimos a tener camino. La gloria del mortero, señor. Nosotros venimos seis. Calabaza profunda
para aceite de palma. Venimos a tener camino)

Coro: Okoto e awá méfa. Okoto e awá lóna

(Calabaza profunda para aceite de palma. Venimos seis. Calabaza
profunda para aceite de palma. Venimos seis. La gloria del mortero, señor. Nosotros venimos a tener camino)

19
Ana wé mi so kua ilele.
Ala, wé mi so kua ilele
(Pariente, pídame un niño y liguemos una casa fuerte. Blancura,
pídame un niño y liguemos una casa fuerte)

Coro: Are mawá. Are mawá. Ala, wé mi so kua ilele

(Jefe, un reconocimiento continuo para él. Blancura, pídame un niño y liguemos una casa fuerte)

Ala, wé mi so kua ilele

Coro: Ala, wé mi so kua ilele

20
Wara wara Shangó omi dé. A la omi dé (x2)
O loya ago Shangó. Omi dé, a la omi dé
Wara wara Shangó omi dé. A la omi dé (x2)

Coro: repite lo anterior

(En aguacero de Shangó llega el agua y nosotros nos salvamos porque el agua llega. Se trasplantó para pagar, deje el paso a Shangó. El agua llega y somos salvados. El agua llega)

Ago o loyo ago Shangó. Omi dé. A la omi dé
Odolo Shangó omo dé. A la omi dé

Coro: repite lo anterior

(Abran el paso porque el trasplantó para pagar, dejen paso a Shangó. El agua se recoge. Nos sobreponemos por el agua que se recoge. El mortero es usado por Shangó. Shangó el agua se recoge. Nos sobreponemos por el agua que se recoge)

21
Oba Koso. Kisieko ará
Kisieko lúbe bará búle

Coro: Repite lo anterior

(El rey no se colgó. Él no está allí, es el grito del trueno. No está allí, gritó el jefe del rojo brillante. Es el rey del trueno que estalló la casa)

22
Mori Shangó, mori mo yoko. Mori Shangó, mori Oba
Mofún Shangó
(Veo a Shangó. Veo el conocimiento sentado. Veo a Shangó. Veo a un rey. Soy Shangó)

Coro: Iná oke

(Alto es el fuego)

Rezos

1
Aluya oni Shangó lákiláki orisha eyo.
Aluya oni Shangó lákiláki orisha eyo.
Aluya mí Shangó mó o a kí adó, mawó orisha eyo.
Egúngún ará aráye kú Olodumare
A gbangba loro wuro. Tawa ni iba wí
Ká yin niká yin ni Shangó dé
O déta ere wemi o. A ye fula a be
Oba Igbo Enú awa ye

(Ritmo de precalentamiento que posee Shangó. Poseedor de valentía extrema. Orisha de alegría. Ritmo de precalentamiento agita Shangó y temblar. Saludamos el encanto de la calabaza pequeña. Cuidaré del orisha de alegría. Los parientes difuntos se hacen pasar por habitantes de la reverencia de Olodumare. Usamos la tradición para aumentar riqueza. Nosotros hablamos del homenaje. Permítanos que las alabanzas han llegar a Shangó. Viene a ofrecer ventajas para limpiarme. Esperamos hacernos ricos. Rogamos. El rey de Igbo nos limpia y vivimos)

Coro: Oba Igbo si are o. Oba Igbo si are o.
Erú amala ebo, era o Oba Koso enú awa ye

(El rey de Igbo de primero en la línea. Usted revuelve el sacrificio de la harina del ñame y desaparece. Rey de Koso, usted nos limpia y vivimos)

Oba sherá o. Oba sherá o. O kóro iko iko lowo
O kú lawa, ayagba yagba oníshangó, la o
Ibú a wá ye.

Coro: Oba Igbo si are o. Oba Igbo si are o.
Erú amala ebo, era o Oba Koso enú awa ye

(El rey te puede desaparecer. Él adquirió la fiereza del rayo y relámpago y ganó respeto. Larga vida al mayor. Vuélvase al sacerdote de mayor rango de Shangó, que es rico. Del lugar profundo que venimos a la vida)

Okuo okuo okuo okuo mo forí bale fún Shangó
Lóló mí o. Aládó láki lado la wa o

Lambá ọ shire umbá kua
Mo wí gbamban gbamban, olorun ọká erí
Ọkan lowó wé ilé. O kú Olódumare
Ayobí Oyó. Ayobí Oyó. Shangó ayobí niyá
Eleguá ayo bo Shangó, ayo ni ládó
Shangó ọkọnrin kó bí láya ke ẽjilá sebọra Ọbara
Lúbe a la lúbẹ a la oníbára
Alábara se. Adáse. Awa késhé lébele be ọ
Okue te wé láwéláwé
Ishu mi kuele kan shosho Shangó
Lówó kíní wá náni-náni
Shangó a de kawó. Umbá Orisha ọ sha ewe wé mi
Shangó ero wálé. Ero wálé ewanlá
Okóro ikọ-ikọ lówo
O gun lawa a yagba yagba
Tí mbi lójú ero ga le, ewanlá, o
Olúkọ a wáye, ka woó!

(Al patio, al patio, al patio, al patio del palacio dónde el rey recibe a un público.
Yo puse mi cabeza en la tierra para Sàngó
Mi dueño, Dueño del encanto de la pequeña calabaza,
Poseedor de la valentía, Dueño del encanto de la pequeña calabaza. Sálvenos.
Para ser rico, si usted destapa la bondad, si usted lo amalgama
Yo digo distintamente, el dueño del cielo cuenta la única cabeza
Tener el dinero y vivir en la casa. Larga vida a "Dios"
L a felicidad nace en Oyó. la felicidad nace en Oyó.
Shangó es felicidad nacido de la madre
Dueño de la fuerza vital lleno de felicidad. Shangó,
Felicidad nacida para ser el dueño del encanto de la calabaza pequeña
Shangó, el hombre duro nacido valiente. Complazca los doce quién hace el sacrificio de aceite que las compras del Rey.
Jefe de red inteligente, nosotros nos salvamos por el jefe de inteligente rojo, nosotros nos salvamos por el comprador
El comprador lo hizo. Nosotros actuamos en nuestra propia responsabilidad.
Nosotros estimulamos al solicitante poderoso para rogar para nosotros.
Usted invita el culto a ganar a un niño uno por uno
Shangó mi ñame invoca la fuerza solo para uno.
Tener el dinero es la cosa para buscar y ser mismo

ansioso sobre
Shangó nosotros venimos a contar el dinero, si Orisha selecciona
de nuevo para acariciarme)
Shangó, la apacibilidad, vienen a la casa; La apacibilidad viene a
alojarse, Grande y Guapo
Usted adquirió la fiereza del relámpago, del rayo para ganarse el
respeto.
Aquel que nos posee para salvarnos. Nosotros nos volvemos al
superior, vuélvase al superior
Quién está solicitando la presencia del antídoto, guapo alto y
poderoso, grande
¡Jefe que enciende, nosotros buscamos la oportunidad, permítanos verlo!

Coro: Oba Igbo si are o. Oba Igbo si are o.

A wa ma, ko wa, ye o (2x)
Shangó la ó fi lambó. A bu síre burú takuã
Mo wí bara gbamba gbamba wa, lóroke
Iná shegbó dá; Aládó kawó.
A wáké te la umbe la wé
Oké te ke la umbe la we
Ishu mi ké wé kan shosho
Ọba Koso níilu kọ, a wáye o
(Nosotros buscaremos el conocimiento y buscaremos la vida,
Shangó es rico, él usa la riqueza para apoyarnos. Nosotros nos va-
mos a una parte para abrir la bondad y quitar lo malo.
Yo digo, ruegue para dividir la riqueza abiertamente; abiertamente
en la montaña
El fuego causa bien en el bosque; el dueño de la pequeña calabaza
del encanto cuentas dinero
Nosotros venimos a la montaña a rendir culto a, ser rico, para ser
salvado, y para ganar a un niño.
Ríndase culto a la montaña a ser mimada con la riqueza, para ser
salvado, y para ganar a un niño.
Mi ñame es para mimar y acariciar solo a uno
El rey de Koso, el dueño de los tambores que suenan,
Nosotros buscamos la oportunidad).

Coro: Oba Igbo si are o. Oba Igbo si are o.

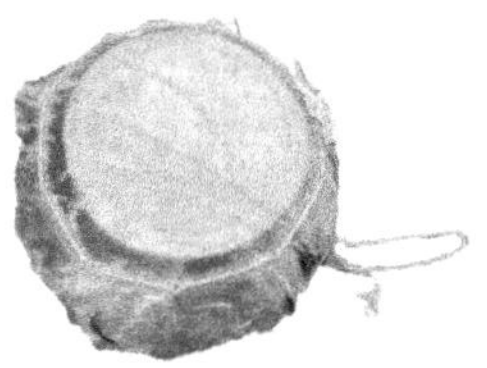

ONCE

Obatala

Orisha supremo del yoruba y el lucumi en Cuba. Padre de los demás orishas, a quienes les da a cada uno su ashe individual, su autoridad de poder. El rey de la tela blanca. La blancura pura es asociada a él porque simboliza la pureza de su carácter, representando el bien, la paciencia y la sabiduría.

Es a Obatalá a quien se le ruega más que a otros orishas. En sus cantos se le alaba, ruega, reafirma y habla de su historia, también hacen llamados a la calma y la paciencia. Sus toques en algunas ocasiones son bastante lentos aludiendo a sus pasos cansados, a la calma y a la paciencia.

Cantos de Obatalá

1
Baba fu ruru, loré re o. Oká yéyé, Eleyigbo
Elerifa gbási gbásawo.

Eyigbo rere gbási gbáwo
Enu ayé. Eyá wa loro.
Eyá wa loro elése ka

Coro: Repite lo anterior

(Padre de tela blanca que sube y crece (como una nube). Dueño de
la disciplina del beneficio. Honra y respeta la boa, jefe de Ejigbo.
El dueño de la cabeza de la suerte golpea (con un palo) sólo mire.
Los beneficios de los golpes del látigo de Ejigbo, mire y de-
scúbralo.
Usted limpia el mundo. Nuestro pueblo tiene la tradición.
Nuestro pueblo tiene la tradición como seguidores de la boa)

Baba Elése ka, Baba elése ka
(Padre, dueño de las patas de la boa. (Padre, dueño de las patas de
la boa)

Coro: Eyá wa loro elése ka

(Nuestro pueblo tiene la tradición del dueño de las patas de la
boa)

Baba wólenshe. Baba wólenshe
(Padre, rogamos hacerlo)

Coro: Eyá waloro wólenshe

(Tenemos la tradición, rogamos hacerlo)

2
Iwére iyéyé, Iwére iyéyé, Olúwa mi Obatalá,
Oluwa mi Orisha. Iba baba, iba yéyé.
 Obatalá káwó kásho Ma mélo. Ení kí Alawashe
Olófin o sá, Olófin Obarayé

Coro: repite lo anterior

(La calma de la bondad, la calma de la bondad,
Mi Señor, Rey de la Tela Blanca, Mi Señor, la Cabeza Seleccionada,
homenaje al Padre, homenaje a la Madre. Rey de la Tela Blanca
cuenta dinero, cuentas las telas. ¡De hecho, cuántos! Él quien saludó a la "Tela Blanca tiene autoridad". El representante de la ley
que usted evita, el dueño del palacio, El rey de las personas del
mundo)

3

Baba, Iyá lawá, Orisha o. Baba, Iyá lawá, Kátioke
Baba, Iyá lawá, Orisha o. Baba, Iyá lawá, Kátioke
Baba, tani boyú elérí oba.
Obatalá Orisha o.
A wá ilé le Orisha o.
Baba Iyá lawá Kátioke

Coro: Repita lo anterior

(Padre, Madre sálvenos, usted es la Orisha.
Padre, Madre sálvenos, "atándonos al lado de la montaña."
Padre, ¿quién cubre la cara y es dueño de las cabezas de los
Reyes?
Es el Rey de la Tela Blanca, La Orisha.
Nosotros venimos a la casa de Orisha.
Padre, Madre sálvenos, "atándonos al lado de la montaña")

Iworo tani kínse, Baba, Iyá lawá orisha o
Awá Ilé le Orisha o. Baba, Iyá lawá Kátioke
(Comedores de sacrificios ¿quién actúa primero?
Padre, Madre sálvenos, Orisha.
Nosotros venimos a la fortaleza de Orisha
Padre, Madre sálvenos, "atándonos al lado de la montaña")

Coro: Iyá lawá Orisha o. Iyá lawá Kátioke (2x)
Tani boyú elérí oba? Obatalá, Orisha o.
A wá ilé Orisha o
Iyá lawá Kátioke

(Padre, Madre sálvenos, usted es la Orisha.
Padre, Madre sálvenos, "atándonos al lado de la montaña."
Padre, ¿quién cubre la cara y es dueño de las cabezas de los
Reyes?
Es el Rey de la Tela Blanca, La Orisha.
Nosotros venimos a la casa de Orisha.
Madre sálvenos, "atándonos al lado de la montaña")

4
Wíníwíní mobánlé.
Obatalá mobánlé
(Fina lluvia de bondad encontré en la casa. Obatalá encontré en la
casa)

Coro: Wíníwíní mobánlé

(Fina lluvia de bondad encontré en la casa)

5
Ayaguna wa rí o, Ayaguna wa
Yékun yékun. Wa mi un oloroke
Ayaguna wá di asho

Coro: Repite lo anterior

(Guerrero del camino al que venimos a ver. El guerrero del camino viene.
Leopardo honrado. El leopardo acepta usar mi orgullo incitante.
Guerrero del camino viene convertido en tela tela.)

Yékun yékun. Wa mi un oloroke. Ayaguna wá di asho

Coro: Repite lo anterior

(Leopardo honrado. El leopardo acepta usar mi orgullo incitante.
Guerrero del camino viene convertido en tela tela.)

6
Ení we, níwe ewayo. Ewayo ewayo, kéwe kéwe

Coro: Repite lo anterior

(Medida sobre los niños, medida sobre la belleza. Los niños son una alegría. La alegría bonita, alegría bonita. Mime a los niños, mime a los niños)

7
Wáyonke. Wáyonke. Wáyoríma. Wayoríma. Wáyon-
ke.

Coro: Repite lo anterior

(Vengan a la montaña escogida. Vengan a la montaña escogía. Vengan siempre al jefe de las cabezas. Vengan al jefe de las cabezas, siempre. Vengan a la montaña escogida)

Obatalá Wáyonke. Wúru e. Wáyoríma, wáyoríma,
wáyonke

Coro: Repite lo anterior

(Rey de la tela blanca, nosotros venimos a la montaña escogida. Crezcan y suban al señor. Siempre venimos ante el jefe de las cabezas. Venimos siempre al jefe de las cabezas. Venimos a la montaña escogida)

8
Aru káká, arú káká. Arú káká mi Obatalá

Coro: Repite lo anterior

(Lo cargamos con dificultad. Nosotros lo cargamos con dificultad. Lo cargamos con dificultad tembloroso rey de la tela blanca)

9
Aké te Oba, Oba sé niye.
Aké te Oba, Oba sé niye
Baba yoko dára, Obanlá ese,
Obanlá ese Baba fun mi ayé

Coro: Repite lo anterior

(El que invoca rinde culto al rey. Un rey que de hecho es digno. El padre se sienta y realiza actos, es el gran rey del orden. El gran rey del orden. Padre deme el mundo)

10
Enú ayé mo mo sheo. Enú ayé mi Baba
Obatalá ta wíniwíni se kure
Gbogbo la nyá (la iña) se rere

Coro: Repite lo anterior

(Usted llena al mundo de vida, con el conocimiento lo logra. Usted llena al mundo de vida, padre.
El rey de la tela blanca en una llovizna inesperada cae como una bendición)

11
Baba, Oba, Oba sé ye
Tó má Baba, Oba sé ye

(Padre, rey, que es digno. Siempre digno es usted padre. Res que de hecho es digno)

Coro: Oba sé ye. Oba sé ye

(El rey es digno. Es digno el rey)

12
Wáye wáye lo mi o. Wáye ka la meda

Wáye ka la meda. Aremu wáye ka la meda o.

Coro: Repite lo anterior

(Venga, venga al mundo. Venga al mundo para utilizarme.
Venga al mundo 'para que podamos salvarnos y doblar el dinero mágicamente.
Venga al mundo 'para que podamos salvarnos y doblar el dinero mágicamente.
Primero en beber. Venga al mundo 'para que podamos salvarnos y doblar el dinero mágicamente)

13

Ayé mbelé itó itó itó, ayé mbelé. Ose mi lódo

(El mundo brinca en la casa. Para engendrar, la educación, la paciencia. El mundo está brincando en la casa. Me cansa tener la juventud)

Coro: Ayé mbelé itó itó itó, ayé mbelé

(El mundo brinca en la casa. Para engendrar, la educación, la paciencia)

Itó itó itó

Coro: Ayé mbelé itó itó itó, ayé mbelé

14

Yékun yékun bilé o, Orisha kówólé (x2)

Coro: Repite lo anterior

(El leopardo honrado, el leopardo honrado que da nacimiento a la casa. Orisha reúne dinero en la casa)

15

Orisha pa wón. Pa wón, pa wón.
Orisha pa wón lóyur

(Orisha los reúne. Fusiónelos, amalgámelos.
Orisha amalgama en su presencia)

Coro: Orisha pa wón. Pa wón, pa wón. Orisha

16

Obatalá kíní o kú o, Obatalá kíní o kú o
Teletele yo kíní yena o.

Layé layé soro kotóna se
Obanlá ní kawo lorisha

(Obatalá larga vida para usted. Obatalá larga vida para usted
Antes de usted caminar en la tierra, un gran caracol vino a limpiar
el camino. Para poseer el mundo, tener el mundo. Háblele grande-
mente a un caracol pequeño para que arregle el camino.
Obanlá, el gran rey habla lo que es tabú para los sacerdotes de
orisha.

Coro: Obanláyé Obanlá. Obanlá ye, Obanlá dide.
Obanlá fe ye esi mo oro
Obanlá dide dide.

(Obanlá, gran rey, levántese gran rey. Obanlá, gran rey del muno.
Se levanta el gran rey digno, Obanlá.
Obanlá, gran rei de Ifé, es digno y es el encanto que arroja afuera
el mal de un pueblo y restringe los espíritus malos.
Gran rey Obanlá, levántese levántese)

17

Odu Aremú o bíyó Odu Aremú ogbé lona.
Alágogo semi semi layé, Aremú kuela ye.
Baba mí shokotó, Aremú kuela ye, Odú kue layé.

Coro: Repite lo anterior

(Grandeza del primer nacido que dio nacimiento a Oyó. Grandeza
del primer nacido, escultor del camino. El propietario de la campanilla, espíritu vibrante que posee el mundo. Primer nacido es
quien come el ñame por primera vez en el año porque es digno.
Padre, el espíritu que guarda el caracol. Primer nacido es quien
come el primer ñame cosechado del año. La grandeza desde el
tiempo antiguo del dueño del mundo)

Odu du kue laye

(Cazuela de gran medicina. Dueño del tiempo antiguo)

Coro: Baba mí shokotó, Aremú kuela ye

(Padre, el espíritu que guarda el caracol. Primer nacido es quien es
digno de comer el primer ñame cosechado del año

18

Yalé. Yalé yalé. Gbogbo yalé.
Ayaguna yalé. Yalé, gbogbo yalé

Coro: Repite lo anterior

(Vuelva a casa, vuelva a la casa, vuelva a la casa. Todos vuelvan a casa.
Ayaguna regrese a casa regresen a la casa. Todos vuelvan a casa)

19
Ewa wo kéyé yé, ewa wo kéyé yé
Ayaguna wólenshe
(Bonito es mirar acariciar la alabanza. Bonito es mirar acariciar la alabanza. Ayaguna por costumbre cuida la casa)

Coro: Ewa wo kéyé yé

(Bonito es mirar acariciar la alabanza)

Obatalá kue ya mi
(Obatalá completo mi linaje)

Coro: Ewa wo kéyé yé

20
Baba Oba Itó. Ase tó omolé. Ase tó omolé

Coro: Repite lo anterior

(Padre, rey de la creación. Es la ley que guía a los niños de la casa. Ley que guía a los niños de la casa)

21
Orishanlá taládé eyí o Alágogo

Coro: Repite lo anterior

(Orishanlá posee la corona. Es el dueño de la campanilla)

Orishanlá o Alágogo yé o
(Orishanlá el dueño de la campanilla se alaba)

Coro: Repite lo anterior

Rezos

1
Obatalá biriniwa, oniwa lanu
Jekua Baba Odumila

Odu Aremu, Oshanlá
Ayaguna Eleribó,
Ye okúlagba, okú ala ashe ológbo
Ashe to, Ashe bó, Ashe ariku babawa.

(Obatalá engendro la forma de la persona de buen carácter, de un carácter bondadoso, bienvenido padre, no me rechaces ser salvado, a Oodua el primogénito, el gran santo fue el guerrero que azotó, la persona sucia libera, permíteme no morir y llegar a viejo, no morir con ropa blanca, permiso de llegar a la vejez, facultad para componer, para sacrificar y para ver la muerte de nuestro padre)

2
Baba Aláyé o, Baba Aláyé o
Baba kue wú ro.
O bí eyo aráyé o
O kú ni Bamba

Coro: Repite lo anterior

(Padre, dueño del mundo; padre, dueño del mundo.
El Padre cuando es llamado incrementa la apacibilidad.
Quien dio nacimiento a la alegría a los pueblos del mundo.
Usted podrá vivir fuerte mucho tiempo)

Baba Elerifa Odumila gbogbo Iworo. Baba Elerifa
Odumila eyilala. Baba kolala o, Obatalá.
O kú abuké, abuké. Okú aro. Baba o sanbí olá
Déyé Okuní baba mi.

(Padre, que es dueño de la cabeza superior. La grandeza se traga la riqueza de todos los comedores de sacrificio. El Padre es dueño de la cabeza de superior.
La Grandeza que traga la riqueza, Usted da un presente de riqueza de riqueza.
El Padre crea montones de riquezas para salvarlo, El rey de la Tela Blanca. Larga vida al jorobado, Larga vida al cojo,
El Padre selecciona para dar nacimiento a la riqueza.
Por favor venga. Usted pueda vivir mucho tiempo y pueda ser mi amo)

Coro: Baba Alaye o. Baba Alaye o. Baba kuewuro
Osha ni olaye o. Okuni o baba mi.

Iworo, Obatalá kofiedenu. Lami mase

Otani kinshe Baba o Obatalá kofiefenu.
Lami mase o-
Baba wóle, wolembo Obatalá shikambo. Ayaguna
okalambo
Eyilala. Baba sholala o.
Obatalá okú Abuke abuke
Okú aro, Baba; Oba, Oba seye.
Toma Baba arayé o

(El comedor de sacrificios. Obatalá. No me hable enfadado.
Sálveme. Siempre en el acto
Usted quién es el Primero en actuar. Padre, Obatalá
No me regañe, sálveme. Siempre en el acto.
Los arrastramientos (andar muy lento) del Padre en la tierra.
Los arrastramientos en la Tierra están viniendo.
Obatalá, el inquieto está viniendo, Ayaguna, la boa blanca está
viniendo. Usted da un obsequio de honor de riqueza.
El Padre crea las riquezas para salvarlo. Obàtálá, larga vida a la joroba
del jorobado. Larga vida al cojo, Padre, Rey; El Rey que está hecho de
dignidad. Siempre digno es el Padre de los pueblos del mundo)

Coro: Baba arayé o, Baba arayé o, Baba kuewuro
Osha ni o laye o. Okuni o baba mi.

(Padre de los pueblos del mundo, Padre de los pueblos del mundo,
Padre que es llamado para acrecentar la apacibilidad,
Usted es el orisha del mundo.
Usted puede vivir mucho tiempo y puede ser mi maestro.

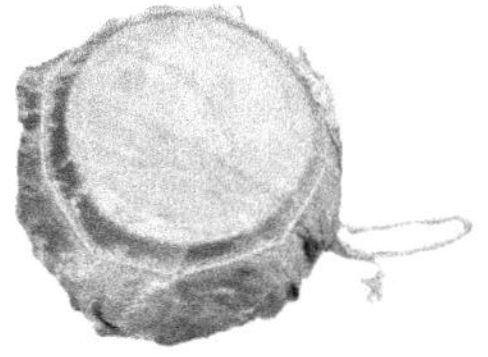

DOCE

Oba y Yewa

Oba fue la primera y legítima esposa de Shangó. La esposa perfecta que intentaba agradar siempre a su delicado marido, buscando nuevas maneras de cortejar su gracia.

En la religión representa la estabilidad del hogar. Su nombre significa la que es promotora u organizadora de crecimiento. También, es una orisha de acción, acreditándosele la navegación y el comercio. También es guerrera de dotes extraordinarios y que le enseñó a Shangó a manejar la espada con destreza.

Yewa, madre del carácter maravilloso (*Yeyé Iwara*) como es llamada en Ife. Es muy respetada y temida; famosa por su gran belleza y virtudes. Shangó falló al tratar de seducirla. Se autocastigó apartándose del mundo y se fue a vivir con Ikú en *Ilé Iboyi* (el cementerio).

Cantos de Oba

1
Oba Elekó, aya osi, Ashaba Elekó, Aya osi

Coro: Repite lo anterior

(Dueña que fomenta el conocimiento. Esposa en miseria. Nosotros tomamos refugio con la dueña del conocimiento. Esposa en miseria)

2
Aisa, aisa lóbanlore. Aisa lóbanlore
Aya osi, Eléko, iyá oba lomo Oba
Iya oba lomo Oba, iyá oba lomo Oba.

(Honramos, nosotros honramos y trasplantamos a la que promueve el crecimiento para tener bondad.
Esposa en miseria, dueña del conocimiento. Sufriendo promueve el uso del conocimiento fomentador)

Coro: Aya osi, Elékó, iyá oba lomo Oba

(Esposa en miseria, dueña del conocimiento. Sufriendo promueve el uso del conocimiento fomentador)

Iyá oba lomo Oba (x2)
(Sufriendo promueve el uso del conocimiento fomentador)

Coro: Aya osi, Elékó, iyá oba lomo Oba

3
Ewé iyá o, ewé we si Ewé iyá o, ewé we si
Ashabá ewé we si
La o fisi gude kó imá awo

Coro: Repite lo anterior

(Las hojas de la madre son las que limpian la miseria. La única con la que nosotros nos refugiamos, es la hoja que limpia la miseria. Para curarnos, usted usa la miseria oscura para enseñarnos los hábitos del misterio)

4
Ferere kún fere
(Agrande su bondad. La hartura agranda la bondad)

Coro: Eru la finda afara wa

(Miedo de fustigarse y tatuarse haciendo hervido de maíz y frijoles envueltos en hojas de afara)

Ferere kún fere

(Agrande su bondad. La hartura agranda la bondad)

Coro: Erí ashe ba sárawa

(Cabeza de poder que se establece en nosotros)

5
Emí owó, emí owó

(Espíritu del dinero, espíritu del comercio)

Coro: Repite lo anterior

Emí owó mún yanga

(Espíritu del dinero que causa jactancia)

Coro: Repite lo anterior

Emí owó serere

(Espíritu del dinero que trae la bondad para pasar)

Coro: Repite lo anterior

Emí owó ferawo

(Espíritu del dinero que fanatiza al iniciado)

Coro: Repite lo anterior

Ala ka mádó elépo
(La tela blanca no se puede juntar con la vendedora de aceite de palma)

Coro: Eléda mi wo elépo

(Mi creador busca al vendedor del aceite de palma)

6
Torí kú o torí akara Torí kú o torí akara
Ashaba torí akara
Lao fisi gude kó imáwo
Coro: Repite lo anterio

(¿De quíén es la cabeza embotada? ¿De quién es la cabeza rota?
La única es, de quien tomamos el refugio con la cabeza rota.
Para curarnos usted usa la miseria oscura para enseñar los hábitos
del misterio)

Cantos de Yewa

1
Olomo Yewa. O Yewa. O Yewa o

Coro: Repite lo anterior

(La dueña de los niños es madre de carácter. Ella es la madre del
carácter. Ella es la madre del carácter)

2
Kéye. Kéye kanké. Kéye. Kéye kanké
Olomo Yewa o

(Halague a la madre. Halague a la madre para ser mimado (bis).
dueña de los niños es madre de carácter)

Coro: Kéye. Kéye kanké

Obini Yewa o
(La mujer principal, madre del carácter)

Coro: Repite lo anterior

3
Orisha beyi kuerú omo Yewa. Orisha beyi kuerú
omo Yewa
Iba laye kórayé. Iba laye kórayé

Coro: Repite lo anterior

(Orisha que da al nacimiento, invita a los niños de la madre del
carácter a crecer.
El homenaje a la salvadora del mundo, aprendiendo reintegra a el
mundo)

4
Iroko. Iroko ye o. Yewa tete kíoma lo sheshe
Coro: Repite lo anterior
(Iroko. Iroko tiene vida. Yewa es saludada. Ella es usada para traer
las cosas)

Oka lawo

(Uno que es salvado. Mire)

Coro: Enyoyoro

(Bailando, bailando la tradición)

Asikan dun mi

(Esos actos de crueldad, dolor y maldad me duelen)

Coro: Nyo nyorí (Ño ñorí)

(Ella está salvando, salvando cabezas)

5
A wá momí. A wá o Yewa
A wá momí. A wá o Yewa
Coro: Repite lo anterior

(Venimos a conocer el agua. Venimos a conocer la madre del carácter)

6
Oyenyé itó. Oyenyé itó. E itó itó o rumo Yewa
(Sabiduría es comprensión de exactitud. Es fidelidad la exactitud que sostiene a los niños. Madre del carácter)

Coro: Nyé nyé (Ñenñe) itó

(Sabiduría es comprensión de exactitud)

Itó itó orumo Yewa

(Es fidelidad la exactitud que sostiene a los niños)

Coro: Nyé nyé (Ñenñe) itó

7
Yewa lobiní (x3)
Gbogbo surere

Coro: Repite lo anterior

(La madre del carácter es la mujer principal. Todos los meses son buenos)

TRECE

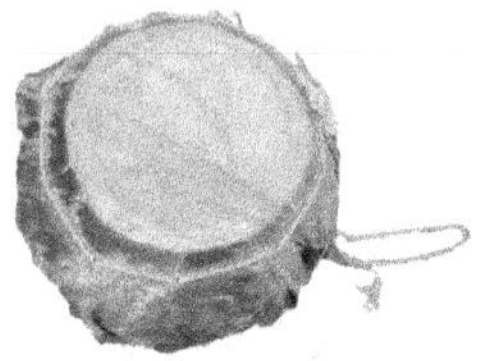

Oyá

Orisha del viento y las tempestades. Esposa favorita de Shangó y a quien acompañaba y ayudaba a guerrear logrando siempre victorias a su lado.

Sus cantos hacen referencia a su vida con Ogún y Shangó, también son de alabanzas, rogativas e historia.

Cantos de Oyá

1
Oya dé. Iba rí Ibá, sheké shé.
Oya dé. Iba rí Ibá, sheké shé
Ago iná, ago lóna
Oya dé ire o. Oya dé

Coro: Repite lo anterior

(Oyá llega. Homenaje, encuentra el homenaje, autoridad aclama la autoridad. Abran paso en la casa. Abran paso en el camino. Oyá llega con bendiciones. Oyá llega)

2
Oya dé ee

Coro: repite lo anterior

(Oya llega)

Oya dé ee

Coro: repite lo anterior

Oya dé mariwó ya

Coro: repite lo anterior

(Oya llega rasgando la palma frondosa)

Ko ko ko. Dín iyalé imolé ya

(Centella, centella, centella. Reduzca los sufrimientos. Es el espíritu de la tierra que rasga la casa)

Coro: Ko ko ko

Dín iyalé imolé ya

Coro: Ko ko ko

3
Eremi o she. Oya. O kua Akará kó lóro

(Mis ganancias se derivan de Oyá. Se asocia con intensidad para ser adinerado)

Coro: Repite lo anterior

Kalá Kalá wo. Onikará la wó. O le le

(Vea el multicolor. La dueña de la intensidad es rica, mírenla. Es fuerte y capaz)

Coro: O yan kará. Oní kará la wó. O le le

(Ella viaja con mucho ruido. La dueña de la intensidad es rica, mírenla. Es fuerte y capaz)

Oní kará la wó

(La dueña de la intensidad es rica, mírenla)

Coro: O le le
(Usted es fuerte y capaz)

O wímí. O wímí
(Ella habla de fuerza. Ella habla de fuerza)

Coro: O le le

Oya mésán eyi
(Oya, de nueve, es la lluvia)

Coro: O le le

Oya mésán iyi
(Oya, de nueve, limpia)

Coro: O le le

Oya mésán e nú
(Oya, de nueve, es una tormenta)

Coro: O le le

4
Oya wíma wíma. Oya wíma wíma
Shokoto kuenkue elénu Oya
(Oya habla continuamente, continuamente (x2)
Con pantalón corto. Oya con la lengua afilada)

Coro: Repite lo anterior

5
Wámá Oya e a die. A die wámá (x2)

Coro: Repite lo anterior

(Siempre venga a nosotros Oya, poco a poco. Alguno de nosostros
siempre viene a usted)

Iba lóya e.
A die a die Oya
(Homenajeamos a Oya. Poco a poco somos de Oya)

Coro: Iba lóya e. A die a die lóya

6

¡Iye ekua! ¡Iye ekua! Oyansile kúnfo Oya wó. Awadé Ará kóyumá, wó o

(Madre, bienvenida (x2). Oya en su apuro por llegar a la casa, no rompa, corra a nosotros venimos y llegue. Los hermanos siempre la estudiamos en el detalle más mínimo, examínela)

Coro: Oya dé

(Oya llega)

Ará kóyumá, wó o

Coro: Oya dé

7

Iborí boya Iborí boya.
Moléya ya. Mole base

(Culto de la cabeza, es culto a Oya (x2). Volveré a Oya. Encontraré el poder)

Coro: Repite lo anterior

8

Ayílódá Oya o kú o.
Olomo dé ké eyó. A ya bá o

Coro: Repite lo anterior

(Oya, es bueno que se lleve a la muerte. Madre larga vida los hijos que discuten cuando la muerte está presente)

Oya dé ariwo.
Oyansán lóro shokoto

Coro: Repite lo anterior

(Oya llega con ruido. Oya llega con su ropa, posee la tradición de los pantalones)

Oya dé ariwo.
O mésan lóro shokoto

(Oya llega con curiosidad. Nueve posee la tradición de los pantalones)

Coro: Oya dé ariwo. Oyansán lóro shokoto

9
Eee Oya wími lóro ee.
Oya, Oya wími lóro ee
Oya kará, Orisha aleyo.
E wíma yoro. E ké ola

Coro: Repite lo anterior

(Oya me envuelve en la tradición. Oya, Oya me envuelve en la tradición. Oya llega ruidosamente. El visitante quiere a Orisha. La que siempre habla y salva la tradición. No corte la abundancia. Es aclamada con honor)

10
Oya o yá ilé o. Oya mobá loroké

Coro: Repite lo anterior

(Oya pide prestada la casa. Encontré a Oya. Tiene la alta tradición)

11
Agogo Oya, agogo Oya, agogo itó, itó Oya
(La elevación de Oya (x2). Ka elevación, rectitud y exactitud de Oya)

Coro: Repite lo anterior

12
Oya iló Oya

Coro: Repite lo anterior

(Oya es un ciclón, Oya)

Akete Oya ugá membe
(El lugar de descanso de Oya es un patio grande)

Coro: Oya iló Oya

13
Té reremá.
Oya iló Oya

(Siempre irradiando bondad. Siempre irradiando bondad)

Coro: Oya nsánlá té reremá

(Oya tiene un gran trueno y siempre irradia bondad)

14
Iyánsán kuami, o mánfo
Oya dé, obíní sá ba erí
(Madre de los nueve se me une. Ella habitualmente está saltando.
Oya es atraída, es la mujer principal que se sienta a la cabeza)

Coro: Akaránsá ba erí. Akaránsá ba erí

(El rompedor corre y se sienta en la cabeza)

O mánfo. Oya dé. Obínísá ba erí
(Ella habitualmente está saltando. Oya es atraída, es la mujer principal que se sienta a la cabeza)

Coro: Akaránsá ba erí. Akaránsá ba erí

Rezos

1
Oya, Oya mbelo. Oya morere
A kama láro, oyé. Oyé we o. Nu kó, nu so
Wayé, wayé obini sa. Oya mílóde o, o si ketakún
Foya la meta. Odu rúba, loyé o ará ira wo ee
(Oyá, Oyá se proclama. Seguimos al propietario del índigo rojo, el
ocaso. El ocaso lo limpia. Lo construye y produce. Venga al mundo, venga a la tierra, la mujer que fue seleccionada. Oya, que es el
espíritu del viento, que desciende para extender destrucción en
un movimiento rápido a todo lo largo. Hable tres veces a Oyá y
lo salva. Es la grandeza que lleva ante el rey. La dueña del ocaso y
ciudadana de Ira lo asiste)

Coro: Ayaba dé níre o. Ayaba dé níre o. Obiní ayí dá

(Reina que viene con bondad. La reina que llega de primero con
bondad es ella, la mujer. Crea y lleva)

Ayaba, Ayaba unlo sé kuele lé oke ibikú
A din iñale loye. Loye, loye, loye
Lobayá. Ma la wola lona
Ya ké´ke séle, ya kéké sele
Su odu soyo so yanon ibu a kékéké
Ee Oya wí mi loro ee
(La reina, la reina está doblando y bloquea pequeñas colinas y pi-

las en aumento, colocada en lugares de muerte. Reducimos con inteligencia el sufrimiento en la casa. Inteligencia, con inteligencia, inteligencia. Homenaje proclamado a Oyá. Seré rico, la riqueza está en el camino. Las madres lloran por un aborto. Madres lloran debido a aborto. La felicidad y la abundancia brotan, brotan y revolucionan lejos del lugar donde lloramos, lamentamos y lamentamos. Oyá, por favor cuente la tradición)

Coro: Ee Oya wí mi loro ee. Ee Oya wí mi loro ee
Oya kará, Orisha aleyo, e kí mayoro. E ké Ola

(Oyá me pide que guarde la tradición. Oyá me pide que guarde la tradición. Oyá llega ruidosa y el extranjero con Orisha. La saludamos para salvar la tradición y es aclamada como salvadora)

Ayaba, Ayaba wuró séke wéle lé oke (x2)
Osa bikú, a dí iyale loya, loya loya
Má ma lawo lawo na Ikú. A kéké séle Ikú
A kéké séle, su odu, soyo, so
Yánu eke Ola

(La reina, la reina está incrementando la tradición y bloquea pequeñas colinas y pilas en propagación activa. Osha que empuja a la muerte, mientras que nosotros reducimos el sufrimiento en la casa con Oyá, con Oyá, con Oyá. Y siempre le crecerán los cuernos, le crecerán los cuernos para golpear a la muerte. Se llora debido a la muerte por aborto. Lloramos debido al aborto, hay brote de plenitud y de felicidad. Bruscamente decimos la confianza en la salvadora Oyá)

Coro: Ee Oya wí mi loro ee. Ee Oya wí mi loro ee
Oya kará, Orisha aleyo, e kí mayoro. E ké Ola

Ayaba, Ayaba unló séke wéle lé oke
Osa bikú, a dí iyale loya, loya loya
Bá kamala bona. Iyá kéké séle, iyá kéké séle
Sonlé, soyo, so yanun Ikú. Akékéké
Ee Oya wí mi loro eké Ola

(La reina, la reina está doblando y bloquea pequeñas colinas y pilas en aumento. Osha que empuja a la muerte, mientras que nosotros reducimos el sufrimiento en la casa con Oyá, con Oyá, con Oyá. Encontramos y abrazamos la riqueza que viene en el camino. Madres que lloran debido al aborto; Madres que lloran debido al aborto. La felicidad y la abundancia brotan, brotan y revolucionan lejos del lugar donde lloramos, lamentamos y lamentamos. Oyá me pide que guarde la tradición. Es aclamada como salvadora)

Coro: Ee Oya wí mi loro ee. Ee Oya wí mi loro ee
Oya kará, Orisha aleyo, e kí mayoro. E ké Ola

*Se kété, gbogbo e. Se kété gbogbo e
A beré bikú, elése Olodumare. Se kété, gbogbo e
E ké Ola*
(Haga todo sin demora. Haga todo sin demora. Le estamos pidiendo que empuje a la muerte violentamente, al pie de Olodumare, Hágalo sin demora)

Coro: Ee Oya wí mi loro ee. Ee Oya wí mi loro ee
Oya kará, Orisha aleyo, e kí mayoro. E ké Ola

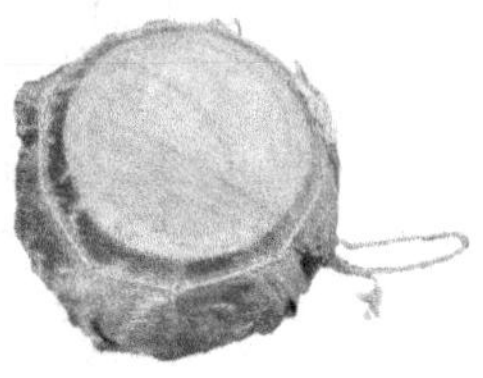

CATORCE

Oshún

Iyálóde (madre de los espacios abiertos). Oshún es síntesis de mujer, representa el poder en las hembras, la economía y la comercialización de recursos. Ayuda a la mujer a dar nacimiento como madre que es, a bebés sanos. Es mendicidad y medicina. Protectora de todas las madres y asociada a las *Ayé* (madres ancestrales). Representa el río, el oro y la sensualidad. Fue esposa de Shangó, Oshosi, Ogún y Orunmila.

En sus cantos y alabanzas se le hacen alegorías; también son de reafirmación, rogativas e historias.

Cantos de Oshún

1
Aládé yé Aládé yé moro
Coro: Repite lo anterior

(Dueña de la corona que es exaltada. La dueña de la corona es enaltecida para construir la tradición)

Aládé yé. Iyá mi olú Yéyé

(La dueña de la corona es exaltada. Madre jefa de las madres)

Coro: Aládé yé Aládé yé moro

Aládé koyu Iyá mi moro

(Dueña de la corona no carcomida. La dueña de la corona es enaltecida para construir la tradición)

Coro: Aládé yé Aládé yé moro

2
Yéyé bí o bí o sú o.
Yéyé bí o bí o sú o
Yeyé tani má wá rubo rere o (x2)
Arúgbo títí Yéyé o
(Madre que da al nacimiento, da al nacimiento, ella crece. Madre, quien vendrá a hacer el sacrificio de la bondad. Hacemos a la madre sacrificios continuamente)

Coro: Yeyé tani má wá rubo rere o

(Madre, quien vendrá a hacer el sacrificio de la bondad)

Arúgbo títí Yéyé o

Coro: Yeyé tani má wá rubo rere o

Yeyé arúgbo títí Yéyé o

Coro: Yeyé tani má wá rubo rere o

3
Oyouro were were were oyouro aládé ye ye o
(La Lluvia está por caer. Madre tienes tu manto y tu corona)

Coro: Oyouro were were were oyouro

(La Lluvia està por caer)

Awadó fomo lorun
(Si la lluvia no cae, maíz no crece)

Coro: Oyouro were were were oyouro awadó fomo lorun.
Oyouro were were were oyouro

(La Lluvia està por caer. Si la lluvia no cae, maíz no crece)

4
Oshishe iwa mawo.
Oshishe iwa mawo
Ká kíle koba lara mi Oshún
(Trabajadora con carácter que siempre cuida. Permítanos visitar la casa y saludar a la soberana que salvó a mi familia)

Coro: Mo yuba, mo yuba Oshishe
Ero, wá mabará bo, mo yu fa kata

(Pago homenaje, pago homenaje a la trabajadora. La apacibilidad que se busca para unir a hermanos en el culto en que continuamente soy lanzado, separado en dos)

5
Yéyé taládé,
Oshún, taládé moro
(Las madres retornan ante Oshún. El arroyo regresa a Oshún y construye la tradición)

Coro: Yéyé taládé

(Las madres regresan)

Taládé moro gbogbo orisha
(Regresan a Oshún y construye la tradición, la de todos los orishas)

Coro: Yéyé taládé

A kí bamba yún nú
(Saludamos a la embarazadas de barriga fuerte)

Coro: Yéyé taládé

Yéyé otó, lórefa, a kífala idó
(Madre de la verdad, dueña de bondad y la suerte. Saludamos a la suerte y a la que guarda riqueza)

Coro: Yéyé taládé

6
Iyálóde mo fiye
(Madre de primera línea, yo la como)

Coro: A la Mo fiye moro

(Somos salvados. Devoro el conocimiento de la riqueza)

7
A lá, a lá. A lá shírere
A lá, shírere, A lá, shírere, A lá, shírere o má
(Soñamos, soñamos, soñamos con descubrir la bondad. Soñamos con descubrir la bondad. Soñamos con descubrir la bondad, Siempre)

Coro: A lá, a lá. A lá shírere

Aládé koyu a la shírere. Oshún a la shírere o má
(Quien es dueña de la corona no carcomida. Soñamos con descubrir la bondad. Oshún, soñamos con siempre descubrir la bondad)

Coro: A lá, a lá. A lá shírere

8
Iyá dide o. Dide kó wa, Máyambelé
(La madre se levanta. Levántese y venga con nosotros y no se vaya saltando de la casa)

Coro: Alade koyu dide. Otolorefa dide
Ko máyambelé
Aláde koyu dide.

(Dueña de la corona no carcomida levántese. La verdad de la dueña de la bondad y la suerte se levanta. No corra ni brinque en la casa. Dueña de la corona no carcomida, levántese)

9
Imbe imbe ma Yéyé. Imbe imbe loro
Coro: Repite lo anterior

(Existe verdaderamente existe madre. Existe en la tradición)

Imbe imbe ma Yéyé. Imbe imbe loro

Coro: Repite lo anterior

10
Beoni abebe Oshún
Beoni abebe eye dá
Iyá yúnnú bara láre wa
Beoni abebe Oshún

Coro: Repite lo anterior

(Implora al cocodrilo el suplicante de Oshún. Implora al cocodrilo el suplicante que conviene a la naturaleza. A las madres embarazadas con el vientre rogado reciben veredictos convenientes. Implora al cocodrilo el suplicante de Oshún)

11
Ofé yí sí dá
(Las personas diestras se tornan buenas)

Coro: Ofé yí sí dá. Ofé yí sí dá

E Láde Oshún
(Oshún posee la corona)

Coro: O sha mina layé o

(Me elige para tener el mundo de primero)

Láre láre
(El veredicto es favorable. El veredicto es favorable)

Coro: E kó

(Usted educa)

O má, o má oke oke, Yéyé Moro
(Ella siempre está. Ella siempre está. En la cima, en la cima. Es la madre que construye riquezas)

Coro: O má, o má oke oke

(Ella siempre está. Ella siempre está. En la cima, en la cima)

A sé aláila
(Destrozamos por falta)

Coro: A sé aláila

A yé le kokó mayode
(Siempre alabamos con fuerza la sopera cubierta de privilegios)

Coro: A yé le kokó mayode

12
Yéyé we milere
(Madre me limpia para obtener los beneficios)

Coro: Alá Yéyé malere a

(Imaginen a la madre que tendré, que ganancia, ah)

Osha kí niwa
(Saludo a Osha con carácter)

Coro: Kó wosun

(Enseñe el respeto Oshún)

Iyá ká tana
(Madre que nos permite extendernos lo largo y ancho)

Coro: Kó wosun

Aríba lo mayo
(Siempre vemos el homenaje usado para personas importantes)

Coro: Kó wosun

Oshún Ikole Alawana
(Oshún, mensajera en la tierra y la que encuentra el camino)

Coro: Kó wosun

13
A lá were. Erú o si were
Kwa mila Oshún
(Soñamos abrazar las ganancias, que usted causa para crecer. Úname a las ganancias Oshún)

Coro: Kwa mila Oshún

Oshún Were. A la were Yéyé
(Oshún mima las ganancias. Soñamos halagar a la madre de las

ganancias)

Coro: Kwa mila Oshún

14
Ide wére wére nita Oshún, ide wére wére
Ide wére wére nita Oshún, ide wére wére nita yámi
Osha kíníwá nita Oshún
Sheké Shéké nita Oshún, Ide wére wére

Coro: Repite lo anterior

(El pequeño bronce es la piedra de Oshún. El pequeño bronce.
Pequeño, pequeño bronce, piedra de Oshún. La primera Osha
elegida para buscar esa piedra fue Oshún. Las pulseras tienen la
piedra de Oshún, el pequeño bronce)

Yeyé wa ilere
(Madre, esté con nosotros que esta es su casa)

Coro: A lá iyoyé wa ilere wa

(Con su manto la madre llega a esta casa que es suya y nuestra)

Baba shéke iyá mi
(Su padre le dio el adorno a mi madre)

Coro: Mokoshún

(La sabiduría de Oshún nos enseña)

Are katara
(Eres la reina puesta en esta tierra)

Coro: Mokoshún

15
Oro ko mi Yéyé. Oro ko mi Yesha
Wátí bansoro ko
(Saludamos las palabras del espíritu de la madre. Las palabras del
espíritu de Iyesha. Para que venga cuando el homenaje sea dado y
hablado ruidosamente)

Coro: Yeyé Olúde, Yeyé Olúde, basi basi imban soro ko

(Madre, dueña del bronce. Baja y se enciende, hablando en voz
alta para ser reconocida)

Yeyé kwa milu dé
(Madre me uno para atinar a llegar)

Coro: Yeyé kwa milu dé, akará

(Madre me uno para atinar a llegar, un gran ruido)

16
Yeyé moro ide.
Oshún moro ide
Yeyé moro oyin (oñí). A be Iyá oyin (oñí)
(Madre que conoce la tradición del bronce. Oshún conoce la tradición del bronce. Madre que sabe la tradición de la miel. Pedimos a la madre de la miel)

Coro: Oyin abe (oñí abe)

 (Pedimos miel)

E abe
(Nosotros le rogamos)

Coro: Oyin abe (oñí abe)

E oyin (E oñí)
(Usted es la miel)

Coro: Oyin abe (oñí abe)

Yeyé oyin
(Madre es la miel)

Coro: Oyin abe (oñí abe)

17
Iyálóde, Aládé níde
Oshún Ikole, Aládé níde
(Madre de primera. Dueña de la corona que posee el bronce. Oshún es la embajadora en la tierra. Dueña de la corona que posee el bronce)

Coro: Ofé Ikole wímá

(Mire que la mensajera de la tierra hable siempre)

Iyálóde, Aládé níde

Coro: Ofé Ikole wímá

Oshún Ikole, Aládé níde
Coro: Ofé Ikole wímá

18
Oshún mo láre káwo o.
Oshún mo láre káwo o
Yemayá, omi dára, o dé

Coro: Repite lo anterior

(Oshún, sueño con las ganancias, permítanos mirarlas. Viene Yemayá, el agua bonita)

19
Aládé, yió. Aládé yió, Yéyé

(Dueña de la corona usted será. Dueña de la corona usted será. Madre)

Coro: Yeyé, Aládé yío. Aládé yío, Yeyé

(Madre. Dueña de la corona usted será. Dueña de la corona usted será. Madre)

20
Ala mil shere mi. Shere Iyálóde

(Mi sueño es cumplir con bondad. Traigan bondad para pasar a la madre de primera)

Coro: Ala mil shere mi. Shere

Iyálóde
(Madre de primera línea)

Coro: Ala mil shere mi. Shere

21
Aketé imbe Oshun ma ilé
Iyá ma dé Olodumare
(El trono, lugar de descanso de Oshún está siempre en la tierra, Madre poderosa que siempre alcanza a Olodumare)

Coro: Akété imbe Oshún ma ilé

Akété imbe Oshún

Coro: Akété imbe Oshún ma ilé

22
Olóro ye o. Oshún oro ye o. Oro ye o. Oshún oro ye o
Yeyé kurúrú, sheshe kurúrú. O ba níye. Oshún oro ye o.
(La dueña de la tradición está viva. La tradición de Oshún está viva. La tradición está viva. La tradición de Oshún está viva. Madre crece inesperadamente, brota y crece. Perpetua e inesperadamente crece brota. Ella se escondió para dar a la vida. La tradición de Oshún está viva)

Coro: Yeyé oro ye o

(La tradición de Oshún está viva)

23
Kó márí ida Ide Oshún
(Que no veamos la espada de bronce de Oshún)

Coro: Séke séke, séke séke séke
Kó marí ida kó má séke Oshún

(La esposas, las esposas, las esposas, las esposas —las pulsera de bronce—. Que no veamos la espada ni las esposas de Oshún)

24
Soro ká okú Yeyé
(La habladuría segó la larga vida de la madre)

Coro: Erú lé, erú lé, erú lé

(Pequeñas pilas de pimienta —x2—)

Soro ká okú amalá
(La habladuría segó la larga vida del puré de ñame)

Coro: Amala, amala, amala

(El puré de ñame —x3—)

Soro bámbí omode
(La habladuría ayudó al nacimiento del niño)

Coro: Omodé, omodé, omodé

(El niño llega —x3—)

Soro bámbí o

(La habladuría ayudó al nacimiento)

Coro: Gbagba Iroko gbagba

(Está tomado, tomó Iroko, tomó tomó)

Rezos

1
Bí ayá odo. Bí ayé ibu
Ayé to Olokun shenshe bo
Ishé be o ago madá
Abé wa yo. Ayaba ti békó máma niyó
E buyileti bo be. Gbaroyé korí dekun
Iyalode Iyesa, Móri Yeyé o
Mo wi oni. Mowi ona Kó ba dé wá ishé
Iyalode kó wárá moro eléfa.

(Da nacimiento a los ríos. Da nacimiento a los arroyos. Corrientes del mundo. El mundo llega al dueño del mar para hacer los sacrificios. En el trabajo se le pide continuamente abrir paso para crear. Rogamos para estar llenos. La reina por instrucción es rogada porque posee la abundancia. Están honrando a la dueña de las orejas que son adoradas y rogadas. Es la que escucha las quejas, las que enseñan a la cabeza a convertirse en un leopardo. Es la madre de primer rango Iyesa, la que captura las cabezas de las madres. Le hablo al cocodrilo y le digo que no se esconda. Que venga a buscar trabajo. La madre del mundo enseña a los hermanos a venir a conocer la tradición, las personas iniciadas)

Coro: Iyá mi ilé odo. Iyá mi ilé odo
Gbogbo ashe. Obí ní sala mawo e.
Iyá mi ilé odo.

(La casa de mi madre es el río (x2). Toda llena de poder. Las mujeres que huyen por seguridad habitualmente la visitan. La casa de mi madre es el río)

Dálé koyu e buyi odo. Iyá mi mo yúba
O shé omoro dé. O dé. O yá kóta. O ya kóta
Ayé to Olokun ara ra
E buyi létú bo be gbaroye
A kétí Oshún Iyálode Iyesa

Mori yéyé oi, mowí oni
Mo wí ona, ko ba dé wá ishé
Iyalóde kó wárá moro eléfá

(Cree la casa para que no sea deteriorada, usted honra a el río. Madre mía yo pago respeto. Usted permite que los hijos de la tradición sean coronados. Ya vienen. Ya están listos para seleccionas las piedras (x2). Están honrando a la dueña de las orejas que son adoradas y rogadas. Usted es honrada. Dueña de las orejas reverenciadas y rogadas. Es la que escucha las quejas. Le gritamos a las orejas de Oshún. Madre de primer rango de los Iyesa. La que captura las cabezas de las madres. Le hablo al cocodrilo. Le digo en primer lugar, que no se esconda. Que venga a buscar trabajo. La madre del mundo enseña a los hermanos a venir a conocer la tradición, las personas iniciadas)

Coro: Iyá mi ilé odo. Iyá mi ilé odo
Gbogbo ashe. Obí ní sala mawo e.
Iyá mi ilé odo.

Mila dé Odún mi ya Iyálode. Aládé, ifún ashe,
tólokun
O sá amewá yo. Ayaba dide
Kó baba ni yó. O sá kéko wa lerí
Kó wa níyé. Kó wa níyé, yoro konta
O Iléle buyi; Eletíí gbaroyé
Yé abángá, dide awo, máda
E léle buyi, Eletí wé gbaroyé
Mirawo na apetebi Oshún.

(La riqueza me llega. Está listo mi año. Madre de primer rango, dueña de la corona, la representante de autoridad. Saludos al dueño del mar. La que seleccionó símbolos con abundancia. La reina se levanta. La que enseña al padre a estar satisfecho. La que seleccionó a los estudiantes para tener cabeza. Enséñenos a tener comprensión (x2). La que es honrada en la tierra. Dueña de las delgadas orejas que escucha las quejas. La que agita el cuerpo del iniciado y quien llamó para suprimir el hambre de Oshún)

Coro: Coro: Iyá mi ilé odo. Iyá mi ilé odo
Gbogbo ashe. Obí ní sala mawo e.
Iyá mi ilé odo.

QUINCE

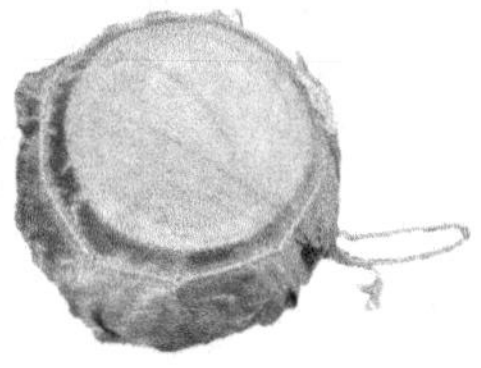

La gran madre. El lucumi ve a Yemayá como el útero del mundo; la representación del ambiente más grande de la tierra para la vida, el mar; como la gran madre que da nacimiento a la civilización; como la gran protectora, a la que agradecen por la sobrevivencia en el largo periplo transatlántico que dio origen amuchas muertes en época de esclavitud.

Yemayá es madre cariñosa que da alimentos que sostienen la vida, pero con su faceta varonil, como un padre exigente, crítico y duro. Es pues imprevisible, temperamental y malhumorada, pero representa al lugar de origen, fuente maternal desde lo divino.

En sus cantos se hace alusión a su belleza y poder, así como a su inteligencia; en ellos se le hacen rogativas y alabanzas, también cuentan historia.

Cantos de Yemayá

1
Sokuta ni o, awá sesun
(Reprimidos y desamparados venimos al chorro del manantial)

Coro: E wíma sere. Olúmi dé

(Se dice que usted continuamente hace lo bueno. Mi jefe viene)

Bará ago ago yemayá
Bará ago ago oro mi
(Encuentre a los hermanos. Dejen el paso a Yemayá. Encuentren a los hermanos. Dejen el paso a mi tradición)

Coro: Repite lo anterior

2
Yemayá e Olódo. Awoyó Yemayá

Coro: Repite lo anterior

 (Yemayá es dueña de los ríos. Yemayá es madre de los pescadores)

Yemayá lóde
(Yemayá madre de alto rango)

Coro: Awoyó ayé Awoyó

(Vasija del mundo de la abundancia)

Yemayá Iya mi lóde
(Yemayá ml madre de alto rango)

Coro: Awoyó ayé Awoyó

3
Iborere? Iborere o?
Agolona mi a wa
Iborere? Iborere o?
Agolona mi a wa
(¿Dónde está la bondad? ¿Dónde está la bondad? Abran el paso del camino de agua, que nosotros buscamos)

Coro: Repite lo anterior

4
A wemale. A wemale, Awe
Yemayá fun milowo
(Siempre nadamos hacia casa. Nosotros siempre nadamos hacia la casa. Nosotros nadamos. Yemayá proporcióneme dinero)

Coro: A wemale. A wemale, Awe

Ashaba fun milowo
(Ashaba deme dinero)

Coro: A wemale. A wemale, Awe

Asesun fun milowo
(Asesu proporcioneme dinero)

Coro: A wemale. A wemale, Awe

Mayelewo fun milowo
(Mayelewo proporcióneme dinero)

Coro: A wemale. A wemale, Awe

5
Awoyó, omo lode, omo títi yó, Eléyó ladé
(Vasija de la abundancia, eternamente niño, jefe de cazadores. Dueña de abundancia que posee corona)

Coro: Omo de omo títi yó. Eléyó ladé

(Eternamente repleto el niño, jefe de cazadores. Dueña de abundancia que posee corona)

Yemayá, omo lóde lóni kwakwa kéno Iyá. Mokún yó
(Yemayá, el niño, jefe de cazadores, sobre todo hoy corta y lleva. Yo estoy plenamente satisfecho)

Coro: Omo de omo títi yó. Eléyó ladé

Yemayá, Olúba en eké. Iyán ya kono ko
Olukan en eké. Mayelewo. Iya ya ko noko
Eran wiwe oníyán yan. Omo lómi ode
(Yemayá, extracto de cenizas y agua que asegura tintes. Es como se glorifica. Rechaza la escasez. El jefe aclamado por usted es aus-

tero. Que siempre honra en casa del iniciado. El hambre es rechazada, puesta de lado, rechazada. La carne incita al dueño del ñame que fanfarronea golpeando. El niño es un cazador)

Coro: Orisha oko eféfe yawo
Mowi mowi mo wi máriwo
Orisha Oko ogún fere yawo
Mowí mowí mo wí máriwo

(Orisha Oko, el viento lo convierte en conocedor del misterio. Hablo y hablo. Siempre hablo. Orisha Oko es la medicina que se mueve con bondad y estalla. Hablo y hablo. Siempre hablo)

Emi ode, omode, omode, emi ode
Ma su kwakwa iyán we eléko

(Espíritu de cazador al niño que caza. Al niño que cazas, espíritu del cazador. Haré pelotas del puré de ñame, se las llevo al musculoso)

Coro: Emi ode, omode, omode, emi ode
Ma su kwakwa iyán we eléko

Yemayá sikini

(Yemayá, siempre la saludamos de primero)

Coro: Ala modansé

(En el límite, actúo solo)

6
Warami ma ma yo kóda warami.
Ma ma yo kóda.
Warami ma ma yo kóda warami.
Ma ma yo kóda

Coro: Repite lo anterior

(Reme en mi cuerpo, no estaré feliz en otra parte, reme en mi cuerpo, no estaré feliz en otra parte)

7
Yemayá orobiní láye o Yemayá
Iyá abo yokota, elese ké Oshún
Yemayá orobiní láye o
Ewá wo sokuta elese Oshún

Yemayá orobiní láye o

Coro: repite lo anterior

(Yemayá la mujer con tradición líder en el mundo, Yemaya. Madre tienda el puesto para la venta. Criada llorando a Oshún. Yemayá la mujer con tradición líder en el mundo. Usted advierte el límite del lacayo sin valor de Oshún. Yemayá la mujer con tradición líder en el mundo)

8
Kai! Kai! kai! Yemayá Olódo
Kai! Kai! kai! Iyá mi Olódo

(Imaginen, imaginen, imaginen. Yemayá es dueña de los ríos. Imaginen, imaginen, imaginen. La madre es dueña de los ríos)

Coro: Repite lo anterior

9
Ladi oke. Ladi oke.
Yemayá ladi oke, ladi oke

(Divide la base de la montaña. Divide la base de la montaña. Yemayá divide la base de la montaña y es salvada de prisión en la montaña)

Coro: Repite lo anterior

10
Yemayá asesun. Asesun Yemayá
Yemayá asesun. Asesun Yemayá
Yemayá Olódo. Olódo Yemayá
Yemayá Olódo. Olódo Yemayá

(Yemayá fuente de manantiales. Fuente de manantiales es Yemayá. Yemayá es dueña de los ríos. Dueña de los ríos es Yemayá)

Coro: Repite lo anterior

Ataramawa, Yemayá asesun. Asesun Yemayá
Yemayá asesun. Asesun Yemayá
Yemayá Olódo. Olódo Yemayá

Coro: Yemayá asesun. Asesun Yemayá
Yemayá asesun. Asesun Yemayá
Yemayá Olódo. Olódo Yemayá

Yemayá Olódo. Olódo Yemayá

11
Awé ka madele o.
Awé ka madele
Yemayá awé ka madele o
(Siempre nadamos en círculos para llegar a la casa. Siempre nadamos en círculos para llegar a la casa. Yemayá, siempre nadamos en círculos para llegar a la casa)

Coro: Repite lo anterior

12
Odá Asesun.
(La que origina el chorro de manantial)

Coro: Akí Yemayá

(Saludamos a Yemayá

Odu Asesun.
(La grandeza, chorro de riachuelo)

Coro: Omi Yemayá. Akú o takwele o
A wa Asesun wére wére asho ewé.

(El agua es Yemayá. Le deseamos larga vida a quien chorrea con suavidad. Venimos rápido a la cascada del arroyo, vestido con hojas)

Wére wére asho ewé
Coro: Akí Yemayá

Yemayá wére wére asho ewé
Coro: Akí Yemayá

Wére wére asho Shangó
(Rápido con el vestido de Shangó

Coro: Akí Yemayá

Wére wére asho Ogún
(Rápido con vestido de Ogún

Coro: Akí Yemayá

13
Iyá oromi
(Madre de tradición)

Coro: Iyá orefa

(Madre de generosidad y buena suerte)

Iyá oromi

Coro: Iyá orefa, Awoyó Yemayá, mowí mona o. Se Isheimo

(Madre de generosidad y buena suerte. Platos de abundancia, Yemayá. Hablo para saber mi camino en el trabajo del conocimiento)

Mowí mona o

Coro: Iyá orefa

 (Hablo para saber mi camino en el trabajo del conocimiento)

14
Okikí oní Yemayá, okikí okikí oniyemayá
Iyá fún mi báya dé akwarere
Okikí oní Yemayá

Coro: Repite lo anterior

(Nombre de los consagrados en Yemayá. Nombre y renombre de los consagrados en Yemayá. Madre que da una buena señal en su rápida llegada. Nombre de los consagrados en Yemayá)

15
Yemayá o gún e wáwo,
O gún wawo dé. A kere kwalode.
Yemayá o gún e bawo dé. O gún bawo dé
(Yemayá, móntese, venga y vea. Vengan y véanle llegar. Gritamos para que llegue la solución. Yemayá monta uniéndose al iniciado para llegar. Monta uniéndose al iniciado para llegar)

Coro: Yemayá o gún e bawo dé. O gún bawo dé

(Yemayá monta uniéndose al iniciado para llegar. Monta uniéndose al iniciado para llegar)

16
Yemayá mayó. Yemayá mayó

Coro: Repite lo anterior

(Yemayá, seré feliz, Yemayá, seré feliz)

Yemayá mayó. Yemayá mayó

Coro: Ni die die

(Poco a poco)

17
O mo sitó Mo sitó
Iyá ladé, komo yo. Kotó

(Sabe que ella brota de la tierra desde un pequeño manantial.
Madre que es dueña de la corona. Aprendan y sepan que ella nos
liberó de un gran peligro. Aclamen al riachuelo)

Coro: Repite lo anterior

18
Wolo wolo sun o ni Yemayá
Wolo wolo sun o ni Kuekueye, ashé

(Yemayá tiene el sonido del arroyo. Imaginen que el pato posee
también el sonido del movimiento del arroyo)

Coro: Repite lo anterior

19
Awé, ario. Awé Yemayá. Ario awé

(Nosotros nadamos y la vemos. Nadamos a Yemayá. La vemos y
nadamos)

Coro: Repita lo anterior

Yemayá oke, ario oke. Oke ario oke

(Yemayá, la montaña, nosotros la vemos, montaña. La montaña,
vemos la montaña)

Coro: Oke ario. Oke Yemayá ario oke

(La montaña, nosotros la vemos, montaña, Yemayá vemos la montaña)

20

Sé Ishé Imo
(El trabajo de hecho es conocimiento)
Coro: Awa sé simo

(De hecho, venimos con el propósito de conocer)

Sé Ishé Olórun
(De hecho, el trabajo está en Olórun)

Coro: Awa sé simo

Sé Ishé Olódu
(De hecho, el trabajo está en Olódu)

Coro: Awa sé simo

Olómi, Olódu, Olokun o yare
(Dueña de todas las aguas, de Odu. Dueña del mar, usted hace cosas buenas muy rápido)

Coro: Awa sé simo

Rezos

1
O siniba o yále, yále yálumo o
Iyá le omi abé, Ayaba omi o
(Usted siempre ha tenido el homenaje, madre poderosa y capaz, la que esconde a los niños. La que tiene su casa en el fondo del agua. Reina de las aguas)

Coro: Eko, Iyá le, yálumo o. Yále omi abé, Ayaba omi o

(Es usted quien enseña, madre poderosa, la que esconde a los niños. La que tiene su casa en el fondo de las aguas. Reina de las aguas)

Abarakata se mi lowo. Orisha de o
Abarakata se mi lowo. Orisha de o
Yéyá lúmo o
Abarakata se mi lowo
Omi abe. Ayaba omi o
(La del cuerpo largo y ancho me hace tener dinero. Orisha llega –x2–. Se alaba a la madre que esconde a niños. La del cuerpo largo

y ancho me hace tener dinero. En aguas profunda. Reina del agua)

Coro: Eko, Iyá le, yálumo o. Yále omi abé, Ayaba omi o

Ago lona sodí dé
Ago lona sodí dé
Yale, yalódo
Yale omi abé, Ayaba omi o

(En el camino abran paso, porque llega la que llena los espacios vacíos. La madre poderosa. Reina de los ríos. La que tiene su casa en el fondo de las aguas. Reina de las aguas)

Coro: Eko, Iyá le, yálumo o. Yále omi abé, Ayaba omi o

Sokun, sokun. Omi towo towo
Sokun, sokun. Omi towo towo
Yemayá, Ashabi o, Olódo omi abé
Ayaba omi o

(El mar crece, el mar crece. Es el agua de prestigio. Yemayá la que da al nacimiento. Dueña del río, profundidad de las aguas. Reina de las aguas)

Coro: Eko, Iyá le, yálumo o. Yále omi abé, Ayaba omi o

Agolona o yale
Agolona o yale
Yale, yalumo o
Yale omi abé, Ayaba omi o

Coro: Eko, Iyá le, yálumo o. Yále omi abé, Ayaba omi o

2
Yemayá iya mi latebó
Atara mawa mi o
Ayaba bi Olokun
Okere Olokun agana de dewo
Akoba yire o
Ashere Ogún ayaba
Tiwa oru omi fiedenu
Iyá omi, gbogbo alagba, iyá rokoko
Yemayá losan loru, Ashama aruma, adima

(Yemayá madre del agua que se muestra mojando, quien derrama el cuerpo, habitualmente se presenta con el agua. Reina que dio origen al dueño del mar. Desde la cima, el dueño del mar y a la diosa de la lluvia, la lluvia atada es desatada y el mal imprevisto es cortado por la lluvia. Es quien hace ganancias. Es la reina del río Ogún, a quien va a buscar agua con cántaro. Ella también perdona. Es la madre del agua que a todos los pobres les cultiva el suelo de sus granjas. Yemayá en la laguna utiliza el cántaro para recoger agua de uno a uno de forma habitual para quien carga y recoge regularmente)

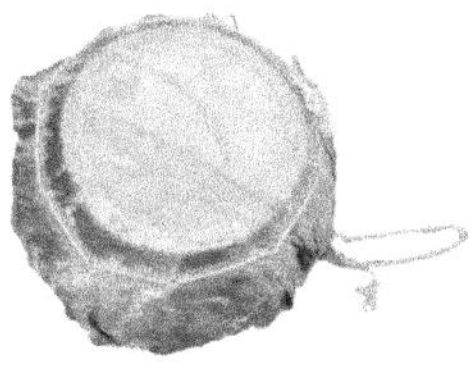

DIECISEIS

Orunmila

Eleri Ikuin (testigo del destino o de la creación), poseedor del conocimiento de los secretos, de la explicación del mundo y de todos los problemas existenciales de todo ser viviente. Los seguidores de Orunmila en la tierra son los Babalawo, quienes ejercen función de orientadores del complejo ritual de Ifa.

Sus cantos son los últimos de la ceremonia de lavatorio, así como del toque de un tambor de fundamento (*Aña*).

Cantos de Orunmila

1
Yoko bi o bo obi
(Practique la nuez de kola para que subsista. Él estudia la nuez de

kola)

Coro: Ayalawo. Yoko bi o bo bi. Ayalawo

(La partimos en el secreto para que subsista. Estudie la nuez de kola para subsistir. Él aprende la nuez de kola. La partimos en el secreto)

Yoko bi o bo bi

Coro: Ayalawo. Yoko bi o bo bi. Ayalawo

2
Ofé yékete oluwo, seráwo. ¿Eniki lawa se?
Ofé yékete oluwo, seráwo. ¿Eniki lawa se? Awo

(Deseoso en honrar al gran sacerdote, golpear el secreto del misterio. ¿Realmente, quién nos salvará? Deseoso en honrar al gran sacerdote, golpear el secreto del misterio. ¿Realmente, quién nos salvará? El que es instruido en el misterio)

Coro: Repite lo anterior

3
Máyelé kún fére Ifá

(Alabe constantemente la casa que está llena de delicias de Ifa)

Coro: Erí ki, máyelé kún fére Ifá, Eri ki

(El testigo saludó. Alabe constantemente la casa que está llena de delicias de Ifa. El testigo saludó)

Máyelé kún fé awo

Coro: Erí ki, máyelé kún fé Ifá, Eri ki

4
Aunkó orun la lakáláká, la bóse
Ifá Aunkó orun la lakáláká, la bóse awo

(El chivo que es salvado del cuello desde el cielo, ahora salta, porque fue salvado para berrear. Ifá salva al chivo desde el cielo, ahora está saltando, porque fue salvado para berrear al iniciado)

Coro: Repite lo anterior

5
Eléke te méye. Orunmila Eléke te meye

Bogbo sha kú tó awo Shé mi o
(Al dueño de la confianza se le respeta al doble siete. Orunmila. El dueño de la confianza al que se le respeta al doble siete. Todos los Oshas saludan al que es instruido en el misterio como Mi protector)

Coro: Eléke te meye

(Al dueño de la confianza se le respeta al doble siete)

Bogbo sha kú tó awo Shé mi o
Coro: Eléke te meye

Orunmila
Coro: Eléke te meye

Orunmila
Coro: Eléke te meye

6
Orunmila taládé. Baba moforibale
(Orunmila quien posee la corona, es el padre por el que puse mi cabeza en la tierra)

Coro: Repite lo anterior

7
Eya tutu lomi lawo. Eya tutu lomi lawo
Orunmila, eya tutu lomi lawo. Eya tutu lomi lawo
(El pez satisfecho deja el agua, para salvar al instruido en el misterio. Orunmila. El pez satisfecho deja el agua, para salvar al instruido en el misterio. El pez satisfecho deja el agua, para salvar al instruido en el misterio)

Coro: Repite lo anterior

Final de los cantos a los orishas en el lavatorio
Una vez que el Oriate termina de entonar los cantos de los Orishas, en el orden específico con el Orisha tutelar de último, solicita a los olorishas levantarse, diciendo:

Osha didé
Coro: O didé

Otro:
Bara lo didé (x2)
Coro: Didé o didé ma

Ero polowo, ero polense
Coro: Didé o didé ma

El anterior canto se entona para todos los orishas a excepción de Shangó y Oshún. Cuando el orisha que se va a coronar es Shangó, y al ser levantado del suelo después de la matanza, el Oriate canta:

Awa lona dide awa lona (x2)
Elube eké, awa lona moforibale, elube eké
Coro: Repite lo anterior

Cuando el orisha que se va a coronar es Oshún, y al ser levantada del suelo después de la matanza, el Oriate canta:

Didé o didé, kowa mayan bewa
Coro: Lade koyu didé, odoro refa
Didé kowa mayan bewa. Lade koyu didé

* * *

Después de cantarle a Obátala, los olorishas retiran el jabón y colocan los caracoles en una jícara y ahí continúa lavándolos. Un olorisha con una palangana recoge todas las herramientas con los collares de cada palangana de orisha en lavatorio. Después se enjuagan. Si se está coronando Obátala, el jabón se retira en Shangó.

El Obá toma una jícara con omi y procede a echarle un

poco a cada jícara de caracoles que tengan los olorishas en la mano, este proceso lo hará cuatro veces:

- Agua a cada jícara en mano de cada olorisha.
- Después, agua con aguardiente en cada jícara para el fotiweo. Al echarla, el Oriaté canta: *Eleguá fotiweo* porque es el primero, y así, sucesivamente hasta el último orisha, el que se va a coronar. Los presentes responden: *Gbogbo Orisha fotiweo, gbogbo Orisha.*
- Seguidamente, se echa solo agua. El Oriaté entona el canto a Ozun:

  > *Ozun, bori bo, madubúle duró gangan la bo Ozun*
  > *Ozun, bori bo, madubúle lakan laka la bo Ozun Awo*

  (Ozun, el victorioso y protector, que nunca cae al suelo. Siempre está de pie y siempre te rendimos culto Ozun. Ozun, el victorioso y protector, que nunca cae al suelo. Salta (en un pie) y siempre te rendimos culto Ozun de Awo)

- Finalmente, se les echa a las jícaras agua sola para esta ceremonia, que es lanzar gotas de agua hacia arriba y a los ojos de los olorishas presentes.

De esta manera, se concluye con los cantos y ceremonia del lavatorio.

Es importante tener claro que cada Oriaté puede hacer variaciones en los cantos y en el orden de cantos dentro de un mismo orisha. Pero, siempre se deberá observar el orden lógico en que se le deberá entonar los cantos a los orishas. Oshún y Orunmila siempre conservarán las últimas posiciones. De ese orden, se sacará el orisha que sea objeto de ceremonia de yoko osha y se colocará en el último lugar.

Lo anterior también es válido para los toques de tambor *Añá.* Al orisha homenajeado siempre se le tocará de último. Y en este caso, para cerrar la ceremonia del toque de tambor, se utilizan unos cantos de cierre dedicados a Eleguá y

Olokun, que más adelante les detallo.

El orden en que se le entonan los cantos a los orishas es el siguiente:

Eleguá
Ogún
Oshosi
Abata
Inle
Orisha Oko
Babaluayé
Korikoto
Ogue
Oke
Ibeyi
Dada
Agayú
Shangó
Obatalá
Oba
Yewa
Oyá
Yemayá
Oshún
Orunmila

DIECISIETE

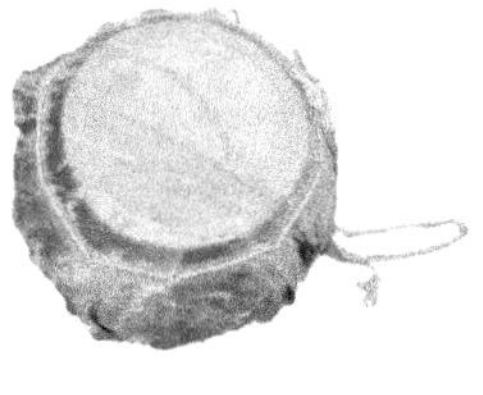

Olokun

Si bien Olokun no está dentro del orden de cantos en un lavatorio de osha, tampoco en el orden de toque de un tambor de fundamento, sí debemos conocer los cantos que le corresponden a este orisha, que es por demás importante. Y, aunque se recibe como adimú, en su entrega también deberá hacerse un lavatorio, y en él, se colocará en la última posición.

Cantos de Olokun

1
A wá Onilé. A wá ero. A wá Onilé. A wá ero
Iyá tewe, tewe, tewe
A wá ero, Iyá dádé Olokun
(Buscamos al propietario de la tierra y también el antídoto. Las madres cuidan los niños, cuide los niños cuide los niños. Buscamos

el antídoto para las madres. La corona se crea, la de Olokun)

Coro: Sawádé. Dádé Olokun. Sawádé

(Por un tiempo hemos buscado la corona. Hay que crear la corona de Olokun. Se expande la corona)

Dádé Olokun

(Se crea la corona de Olokun)

Coro: Sawádé. Dádé Olokun. Sawádé

2
Olokun bawa o
(Olokun nos salvará)

Coro: Bawa orisha, bawa o aye

(Orisha, sálvenos, para sobrevivir)

Olokun Baba o
(Padre Olokun es supremi)

Coro: Baba Orisha, Baba o ayé

(Gran padre Orisha. Padre del mundo)

3
Imo sitó, mo sitó
Olokun ladé kómo shokotó
(Con conocimiento y educación, conocimiento y educación. Olokun el dueño de la corona enseña a los pequeños niños)

Coro: Repite lo anterior

4
Alawa lawa la mishe
Olokun la mishe
(Honramos todos al superior, sálvenos y estaremos satisfechos. Olokun salva mi obligación)

Coro: Alawa lawa la mishe

5
A mayo e. A mayo e
A umba wáshire.

A umba wá o sin
A umba wáshire.
A umba wá o sin
A mayo e. A mayo e

Coro: Repite lo anterior

(Estamos felices. Estamos felices. Vendremos a abrir las bendiciones. Vendremos a rendirle culto. Vendremos a abrir las bendiciones. Vendremos a abrir las bendiciones)

6
Iya mábinú

(El hambre continuamente alborota a el estómago)

Coro: Ebí a má kisi nilogun

(Los parientes siempre con la propiedad del dueño de la trampa de langostas y langostinos)

Iya mábinú

Coro: Ebí a má ki ti loro sun

(Los parientes siempre con la propiedad del dueño apoyan la riqueza que fluye)

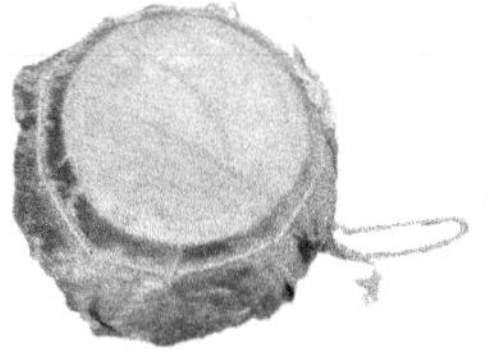

DIECIOCHO

Cantos de clausura

Los cantos que se detallan más abajo, se utilizan para ejecutar el cierre de la ceremonia de un toque de tambor de fundamento. Estos cantos se empiezan a entonar después del último canto a Orunmila. Los organizadores de la fiesta seguirán las pautas que marcarán los *olubatas* u *omoloañas* (los que están consagrados y a cargo de ejecutar los toques de tambor de fundamento de *Bata* o *Aña*). En el cierre, solicitarán, un cubo de agua a medio llenar que deberán colocar al pie de Aña, que deberá ser recogido por una olorisha hija de Yemayá u Oshún, que bailará delante de Aña, para luego dirigirse a la puerta de la casa y arrojar el contenido del cubo fuera. De regreso y bailando el cubo vacío, lo coloca nuevamente delante de Aña en el suelo, y los tamboreros seguirán tocando con los golpes finales al tambor. Esta ceremonia de cierre simboliza la expulsión de todo espíritu o energía errante y negativa que pudiera haberse colado en la casa.

Cantos de clausura de toque de tambor

1
A fofo unlo. Yeyé unlo.
Eshu mi dara unlo
Pa kéte, pa kéte fofolé

Coro: Repite loa anterior

(Estamos saliendo rápidamente. Las madres Ayé están saliendo. Eshu, el que realiza todos los hechos, está saliendo. En seguida y sin retrasos. En seguida y sin retrasos, rápidamente de la casa)

2
A forúlo. Enila kunfo ode miwo
Aworúlo. Enila kunfo ode miwo

Coro: Repite lo anterior

(Saltamos para salir. Las personas salvaron su linaje saliendo a la calle agitando las manos. Los iniciados saltaron para salir. Las personas salvaron su linaje saliendo a la calle agitando las manos)

Canto de Olokun
A wádo e. A wádo, Olokun Baba o

Coro: Repite lo anterior

(Venimos a su río. Venimos a su río gran señor y dueño del mar)

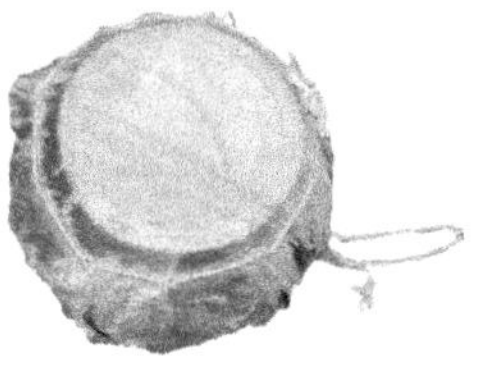

Apéndice

Cantos sin traducción

El presente apéndice como un plus. Les relaciono aquí, los cantos sin traducción, a fin de facilitar el aprendizaje de la lectura corrida y para una mejor entonación de los mismos.

Kama ma ya tiya
Coro: Tiya, tiya

Kama ma ya elu
Coro: Elu, elu

Kama ma ya bibó
Coro: Bibó, bibó

***

Iba ara ago ago moyuba, iba ara ago ago moyuba, omo de koni kosi ibarago ago moyuba, Eleguá Eshu lona.
Coro: Repite lo anterior

Ishon sho abe, ishon sho abe
Odara kolerí eyo, Babá se mi
Coro: Ishon sho abe.

Odara kolerí eyo
Coro: Ishon shon abe, ishon shon abe,
Odara kolerí eyo Baba semi, Ishon sho abe

***

Eleguá yoto pon lowo
Coro: O bu kenke, o bu kenke

Baba Eleguá de modan kio
Coro: O bu kenke, o bu kenke

On yo lo
Coro: Bara yolo unkuele

***

Aso kere kere meye, Alaroye ki ba boshe
Coro: Repite lo anterior

Aso kere kere meye, Eshu Alawana ki ba boshe
Coro: Repite lo anterior

**Eleguá, Eleguá, Eshu Aso kere kere meye, Eleguá, Eleguá,
Eshu Alaroye ki ba boshe**
Coro: Repite lo anterior

***

So sa so kere, Alaroye so kere
Coro: Sosa sokere

So sa so kere, Alawana so kere
Coro: Sosa sokere

Cantos a Ozain

1
Kuru kuru bete
Coro: Mariwo Ozain, mariwo rere, mariwo .

Kuru kuru bete
Coro: Mariwo Ozain, mariwo rere, mariwo .

Kuru kuru bete
Coro: Mariwo Ozain, mariwo rere, mariwo

Ashe Omo Ozain
Ewé Ayé

2
Kúkúrú Kúkúrú
Coro: Tigi tigi alagbo diyera tigi tigi

Kúkúrú Kúkúrú
Coro: Tigi tigi alagbo diyera tigi tigi

Kúkúrú Kúkúrú
Coro: Tigi tigi alagbo diyera tigi tigi

Ashe Omo Ozain
Ewé Ayé

3
Mo yeun ewé mo sanra o, mo yeun ewé mo sanra.
Ewé lo bi mí, ewé lo ya mí. Mo yeun ewé mo sanra.
Coro: Repite lo anterior

Ashe Omo Ozain
Ewé Ayé

4
Ewé dára dára ma da o. Ozain dára dára má dá.
Ozain dá mi bó, o dá mi owó, Ozain dára dára má dá.
Coro: Repite lo anterior

Ashe Omo Ozain
Ewé Ayé

5

Oyígí yigi ota lomi o. Oyígí yigi ota lomi (x2)
Oyígí yigi Iyá o kúmá. Oyígí yigi ota lomi
Coro: Repite lo anterior

Ashe Omo Ozain
Ewé Ayé

6

Bé yi ishé ishe mi. Ozain olóro mí.
E wíwí awa yaroko. E wíwí awa tini ibú.
Coro: Repite lo anterior

Ashe Omo Ozain
Ewé Ayé

7

Ozain Mamura mofille, mamura baba oloro oke.
Coro: Repite lo anterior

Ashe Omo Ozain
Ewé Ayé

8

Ewé Ozain welebe nito obe o. Welebe ni to obe o.
Ewé Ozain welebe ni to obe o. Welebe ni to obe o.
Akaka ko kúma welebe ewé, welebe ni tó obe.
Coro: Repite lo anterior

Ashe Omo Ozain
Ewé Ayé

9

Ewe ikoko, ikoko wa lése meyi si okúta

Coro: Repite lo anterior

Ashe Omo Ozain
Ewé Ayé

10

**Atiponla abifa burú. Atiponla abifa burú.
Ifa Owo, Ifa Omo, Ifa Ile, Atiponla abifa burú**

Coro: Repite lo anterior

Ashe Omo Ozain
Ewé Ayé

11

**Ewé má si Boro ro. Ewé má si boro wú. (x2)
Bá mi dó oke yo; má si boro ro, má si boro wú**

Coro: Repite lo anterior

Ashe Omo Ozain
Ewé Ayé

12

**Emi Okan foro yo, foro yo, foro ni iyeye. Gbami okan foro
yo, foro yo, foro ni iyeye**

Coro: Repite lo anterior

Ashe Omo Ozain
Ewé Ayé

13

Tiri ri bamba, tiri ri bamba, awona meye ke ewe yo

Coro: Repite

Ashe Omo Ozain
Ewé Ayé

14

Sérí wawo. Ewa wo. (x3)
Ozain ewé dun o dun
Coro: Repite lo anterior

Ashe Omo Ozain
Ewé Ayé

15

Sékún boro dé wa o. Sékún boro dé wa dun dun
Coro: Repite lo anterior

Ashe Omo Ozain
Ewé Ayé

16

Ewé lé yomi, Aworán meyi yomi.
Oshinshin lé yomi.
Ewé dun baoye, baloba
Coro: Repite lo anterior

Ashe Omo Ozain
Ewé Ayé

17

Peregún ewe bó tútu. Peregun ewe bo omi ire
Peregún iyá o kú má. Peregún ewe bó tútu.
Coro: Repite lo anterior

Ashe Omo Ozain
Ewé Ayé

18

Borotiti awa ta epo. Borotiti awa ta epo.
Epo opolówó epo opolénse. Borotiti awa ta epo
Coro: Repite lo anterior

Ashe Omo Ozain
Ewé Ayé

19

Awa dé omo olóshinshin.
Bo si ilé Oshinshin iworo

Coro: Repite lo anterior

Ashe Omo Ozain
Ewé Ayé

20

Abera bera ma. Abera bera ma.
Oba dìnya (diña) olú Ozain.
Abera bera má, yé yé.

Coro: Repite lo anterior

Ashe Omo Ozain
Ewé Ayé

21

Baba fo omo re. Baba fo mo re.
Baba dinya (diña) oló Ozain.
Baba fo omo re, yé yé

Coro: Repite lo anterior

Ashe Omo Ozain
Ewé Ayé

22

Ewé, ewé níre o. Ewé, ewé níre o.

Coro: Repite lo anterior

Ashe Omo Ozain
Ewé Ayé

23

Ewé, O kú má. O kú má la wa o. (x2)
Coro: Ewé, o kú má

O kú má la wa o.
Coro: Ewé, o kú má

Ashe Omo Ozain
Ewé Ayé

24

Ala fulewa má ma kenya (mama keña), leri ashe kinkeña.
Ala fulewa mama kenya, leri ashe kinkeña awo
Coro: Repite lo anterior

Ashe Omo Ozain
Ewé Ayé

Echando el agua del río a las cazuelas:

25

Ala umba koshire. A la umba ewe ikoko.
Ala umba koshire A la umba ewe ikoko,
Okashore okalambo Ala umba ewé eyo
Coro: Repite lo anterior

Cantos de Eleguá

1
Bara loyure soke eboda,
Omo ni Alawana ko ma ma kenya (mama keña) irawo e.

Coro: Bara sua ayo, omo ni Alawana
Ko ma ma kenya (mama keña) irawo e.
Obara suayo e ke e, Eshu odara.
O moni Alawana ko ma ma kenya (mama keña) irawo e.

2
Eleguá Eleguá, aso kére kére me ye,
Eleguá Eleguá, Alaroye kiba boshe

Coro: Repite lo anterior

3
Asó kere kere meyé, Alaroye kiba boshe
Coro: Repite lo anterior

So sa so kére, Alaroye so kére
Coro: So sa so kére

Eshu Alawana so kere
Coro: So sa so kére

Eshu *Lailua so kere*
Coro: So sa so kére

4
Adó ashure o, adó ashure o.
Bara layikí, adó ashure o
Coro: Repite lo anterior

5
Eleguá o, Eleguá son nyan nya (son ñan ña),
Eleguá o, Eleguá son nyan nya,
Alaroye modan kio, Eleguá son nyan nya
Coro: Repite lo anterior

Alaroye modan kio
Coro: Eleguá son nya nya (son ña ña)

Eshu Alawana modan kio
Coro: Eleguá son nya nya

6
Oko okan odara bamba Laroye oko okan
Oko okan odara. Odara bamba laroye oko okan (x2)
Coro: Repite lo anteror

7
Eleguá nita Alaroye so kuo
Coro: A Eleguá nita Laroye so kuo aye

Ago Eleguá nita laroye so kuo
Coro: Eleguá nita Laroye So kuo ayé

8
Moyuba o. Moyuba orisha
Coro: Ashe moyuba Orisha

9
Alagongon Laro agongon Laroye
Eleguá de ma dankí o
Coro: Repite lo anterior

Agongo laro Laroye
Coro: Agongo Laro

Alawana
Coro: Agongo Laro

10
Eshu o Eleguara e, Eleguara moforibale Eleguara agó
Coro: Repite lo anterior

11
Agó Eleguá o bu kenke agó Laroye o bu kenke
Coro: Repite lo anterior

Ogún la topa lowó
Coro: O bu kenke, o bu kenke

12
Alaroye yoko odé. Taní Alawana yoko odé
Coro: Iba orisha ma wó. Alaroye Joko odé

13
Alaroye iba layé, Alaroye iba layé
Eshu Bara ago iba layé, alaroye iba layé
Coro: Eshu Bara ago iba layé. Alaroye iba layé

14
Kiri nya Kiri nya,
Ago kiri nya. Eleguá ta ni koso

Coro: Kiri nya Kiri nya, Ago kiri nya

Laroye ta ni koso
Coro: Kiri nya Kiri nya, Ago kiri nya

Alawana ta ni koso
Coro: Kiri nya Kiri nya, Ago kiri nya

15
Eshu mi ni e a. Aladó nishe. Eshu mini.
Alaroye aladó nishe
Coro: Eshu mini e a. Aladó nishe Eshu mini

Ago Alawana, aladó nishe
Coro: Eshu mini e a. Aladó nishe, Eshu mini

16
Alakata nimoba
Orisha dé wáwo
Coro: Repite lo anterior

A Baba sEleguá
Orisha léwa wo
Coro: A Baba selewa

Léwa wo Léwa wo
Coro: Léwa wo Léwa wo

Laroye léwa wo
Coro: Laroye léwa wo

17
Ibará go, ago moyuba
Omode koniko sibago. Ago moyuba
Eleguá Eshu lona
Coro: Repite lo anterior

Rezos

1

A Laroye kuse. Baba kula Olufa o,
A Laroye kuse. Baba kula Olufa o,
Eshu omo odara Eshu omo odara.
Eshu odara mi dodo Eshure o e

Coro: Eshu suwayo Alaroye mamakeniya Irawo e

Omo Olusin Omo Olusin.
Awende awende. Ogun alakuko e

Coro: Eshu suwayo Alaroye mamakeniya Irawo e

Ka mon yangan yinga o nyangan yinga o.
Yobi yobi Ago ama
Pakúta lówá omi owo.
Eshu beleke mi dodo, Eshure o e

Coro: Eshu suwayo Alaroye mamakeniya Irawo e

Babaluayé eloro esi eloro fora saké

Babaluayé eloro esi eloro fora saké
Coro: Eshu suwayo Alaroye mamakeniya Irawo e

Moforibale Ogun alakuko.
Inle wama mi mobe o
O moro moro Omoro moro
Inle wama alakuko e

Coro: Eshu suwayo Alaroye mamakeniya Irawo e

Cantos de Ogún

1
Ogún dé arére, ilé gbón bo, lo kú wá,
Ogún wá níle, oke wá lona,
ilé gbón bo lo kú wá are.

Coro: Repite lo anterior

2
Mariwó yéyéyé, Mariwó yéyéyé,
Ogún ashó Alawedé o

Coro: Repite lo anterior

3
Mo wi mobó, ni mobó, ashó Ogún Alawedé o

Coro: Eni mobo, ni mobó, ashó Ogún Alawedé

4
Awa nilé o Ogún mariwó;
Ogún afomolé onilé abe re mariwó,
Ogún dé Baba.
Coro: Repite lo anterior

5
E mariwo yán ya. Ogún Arere Arere o. Ogún Arere Arere o.
Coro: E mariwo yán ya

6
Ko ko moda she leyó
Coro: Ko, ko

Arere moda she leyó
Coro: Ko, ko moda she le

7
A ma lá. Ogún Arere, a ma la e a
Coro: Repite lo anterior

A ma lá. Ogún Arere, a ma la; o ké
Coro: Repite lo anterior

¡E! A fere yo
Coro: Repite lo anterior

Arere a fere yo
Coro: ¡E! A fere yo

8
¡E i ekua! ¡E i ekua!
Kéyé kéyé mo dá shé
Ogún aladó Orisha.
Coro: Repite lo anterior

9
Iba riba ashe ké she, mo fo Ogún.
Coro: Ibariba she ké she

O mo wíré ni Odara.
O de Kálakala ni Shangó. Mi kí, mi wo o.
Coro: Ibariba she ké she

Mo fo Ogún.
Coro: Ibariba she ké she

10
Sara iko ko Ogún dé, Ogún Onilé
Coro: Repite lo anterior

11
Ashé, ashé Ogún dé, Ogún Osha, Ogún Osha
Coro: Ashé, ashé Ogún dé

Ogún Osha kówe lesha
Coro: Ashé, ashé Ogún dé

12
A Ogún meye meye, a meye meye
Coro: A Ogún meye e a

Meye meye
Coro: A Ogún meye e a

Ogún meye
Coro: A Ogún meye e a

13
Arere owó; Arere owó. Ogún ma ayo Ogún. Ashé wé yé.
Ogún ma iré owó, ma iré owó
Aladó wé mí o. Otayo. Oba.
Coro: Repite lo anterior

14
Ogún ni kolo, bowa lé, mariwó la oré
Akoro ni kolo, bowa lé, mariwó la oré.
C. Repite lo anterior

Rezos

1
Ogún kowa mariwo
Ogún titimaro
Ogún Alawede
Ogún kubu kubu
Awá niye yeye Ogún toye

Cantos de Oshosi

1
Oshosi ayílodá, malamala dé.
Coro: Repite lo anterior

Oshosi, Babá ayílodá, malamala dé.
Coro: Repite lo anterior

O má Oshosi, ode mata.
Oshosi, Babá ayílodá, malamala dé.
Coro: Oshosi ayíloodá, malamala dé.

Ya beleke iworo ode má ta. Ago olona.
Coro: Repite lo anterior

Ode má ta. Ago olona. Ode má ta. Ago olona o.
Coro: Ya beleke iworo ode má ta. Ago olona.

Shire shire
Coro: ¡Ode ma ta! ¡Oré Oré!

Yire yire
Coro: ¡Ode ma ta! ¡Oré Oré!

2
Ode máta
Coro: Ibanlá odefa

Ode máta
Coro: Ibanlá odefa

3

Oshosi o mo mí. Warawara o ké o ké.
Oba loke o mo mí. Warawara o ké o ké.
Coro: Repita lo anterior

4
Oshosi omolode, omo títi yó; e lé yo ládé
Coro: Omolode, omo títi yó; e lé yo ládé

5
Orisha Oshosi sá kákale o. Omo lode.
Ode máta séle. Orisha sá kákale o. Omo lode.
Coro: Orisha sá sá kákale o. Omo lode.

6
Yaku ma karere Oshosi oniyo
Coro: Ero osí Babá karere

Moro koro omodé máta, moro koro omodé máta
Otani mama tará, eroni mamarora, lawede lorun seriki.
Seriki orun afeleya, sakibisa oduroba.
Bo ba rena kemata ki yana ko.
Coro: Repite lo anterior

Eri ki
Coro: Yana

7
Kóro. Kóro. Kómode moro,
Layé, layé, kómo de kó dá.
Oshosi o ma o ma Oshosi omo Obatalá.
A wá de, omo le ni kí.
A wá de, omo o má fe wá.
A wá de, omo le ni kí.
A wá de, omo ya kú ara, ké ya kú ara.
Kó ro. Kó ro. Kó mo de moro.
Coro: Repite lo anterior

8
Yáa kú o. Ode sha kuelé Adé sha kuelé.
Osha ni wewe, oko ni de, bo baréna. Eri ki Yana.
Coro: Repite lo anterior

Yáa kú o. Adé sha kuelé Ode sha kuelé.
A bá bi olosha. A farí bebe. A fari bebe.
Oko ni de bo baréna. Eri ki Yana.

Coro: Repite lo anterior

Rezos

1
Oshosi ode mata,
Esi duro, duro mata
Ode kamara suniyo

Cantos de Inle

1
Yé ó Inlé, ó inle o inle, ayá yá ó inle.

Coro: Repite lo anterior

O Inle, Inle, Inle, o Inle

Coro: Repite lo anterior

2
Shó shó shó pá mí, Inle aya ya shó pá mí

Coro: Repite lo anterior

3
Dárayá. Koko dárayá. Dárayá

Coro: Repite lo anterior

Koko dárayá

Coro: Dárayá. Koko dárayá. Dárayá

4
O mo sitó. O mo sitó, Inle Aládé. Kó moyo. Kotó.

Coro: Repite lo anterior

5
Inle. Abata. O nse ma shílé wení
Ala gan ná, oré ewekun, ayuba
Korikoto ayuba. Ayanú ayuba.

Coro: Repite lo anterior

6
Inle ona wé. Tóna na
C. Inle ona wé to

ABATA

Yá ó kú mokarele abata
Ero ósin gbangba kárele,
gbangba kárele, gbangba kárele o.
C. Repite lo anterior

Cantos de Babalú Ayé

1
Bá riba ogé dé má
Coro: Mólé ya nsá. Molé yá

O kan o kan o kan
Coro: Repite lo anterior

Díña díña díña
Coro: Repite lo anterior

Gbáké gbáké gbáké
Coro: Repite lo anterior

Dule dule diñá
Coro: Repite lo anterior

2
Agádágodo awá leri so.
Agádágodo awá leri so. Ore Baba
Babalú Ayé awá leri so. Ore Baba.
C. Repite lo anterior

3
Baba e Baba soroso. Babalú Ayé iyan fomore
Baba shire shire

Coro: Repite lo anterior

Shire shire imogbá
Coro: Baba shire shire

Babalú Ayé yan fomo le
Coro: Baba shire shire

4
To we to we, Ananu fiña ma wé.
Ananu fiña ma wé. Asojanu tó we a
Coro: To we to we, Ananu fiña ma wé

5
Aso kara kara, ¡suña gé we a, suña gé we a!
Coro: Aso kara kara, ¡suña gé we a!

¡Suña gé we a súbo, suña gé we a!
Coro: Aso kara kara, ¡suña gé we a!

6
Ambe, Alánbe leta naká na so kuto. Ambe, Alánbe leta naká
na so kuto.
Coro: Repite lo anterior

7
Wúre wúre Alánbe le ko Baba lóde
Coro: Repite lo anterior

Alánbe le ko Baba lóde
Coro: Wúre wúre Alánbe le ko Baba lóde

8
Awíná dewó o awíná dewó o.
Awíná dewó o. Awíná Azodyi ré.
Awíná dewó o awíná dewó o.
Awíná dewó o. Awíná Azodyi ré ashé
Coro: Repite lo anterior

9
Wúyé ma wu ye. Wúyé ma wu ye ma wé

Coro: Repite lo anterior

Cantos de Orishaoko

1
Orishaoko Olóyin,
Olóyin. Orishaoko Olóyin lóro
Coro: Repite lo anterior

2
O dé éni o
Coro: ¡A! Eéyí o

O dé bí ago
Coro: Bí ala ko mo dé, o má ala. Bí ala ko mo dé éyi o. ¡A!
Eyi o.

Ko mo dé eyí o
Coro: ¡A! Eyí o

3
Yo mbá ile mí shire re o o o.
Yo mbá ile mí shire re Orisha Oko.
Yo mbá ile mí shire re kókó a ro.
Coro: Repite lo anterior

Yo mbá ile mí shire re kókó a ro.
Coro: Repite lo anterior

4
Omo odara, de yí, omo odara yo,
Omo odara, de yí, omo odara yo.
Olodumare dé yí, omo odara Orisha Oko.
Coro: Repite lo anterior

5
Orishaoko aféfé yawo. Mo wí mo wí mo márí iwo.
Orishaoko ogún fere ya wo. Mo wí mo wí mo márí iwo
Coro: Repite lo anterior

Cantos de Oke

1
Títí láí toke. Títí láí toke.
Coro: Ayaa hu ma ima títí lai toke. Ayaa hu ma ima

Fun mi latiwa
Coro: Repita lo anterior

Aro latiwa
Coro: Repita lo anterior

Cantos de Korikoto

1
Kóri koto mí lodo
Coro: Orisha ewe mí lodo

Kóri sí omo
Coro: Ellankó ro

Kóri sí omo
Coro: Ellankó ro

Cantos de Ogue

1
Olóyú loyú re
Coro: Olóyú loyú Ikoko

O. Ma la ma la adé
Coro: Ogue

Bi ni yo fún o
Coro: Ogue

A bo oso dí o
Coro: Ogue a bo oso dí o, Ogue

Cantos de Ibeyi

1
Omo beyi, omo gbé ká rére
Coro: Kenré kenrén yá

Alagba ayan, a lagba kárére
Coro: Kenré kenrén yá

2
Beyi la omo edun. Beyi beyi la. Obékún iyá re
Coro: Repite lo anterior

3
Beyi la ese aremú. Beyi lorun e se
Coro: Repite lo anterior

4
Olomo beyi mokara wá, kara wá bóyá re.
Olomo beyi mokara wá, kara wá bóyá re.
C. Beyi mo kara wá kara wá bó ya re. Olomo beyi mokara
wá

Cantos de Dada

1
Dada omo lówo, Dada omo lu be eyo
Coro: Repite lo anterior

Dada omo lówo orí, Dada omo lu be eyo
Coro: Repite lo anterior

Ero Dada
Coro: Má so kúmá

O kú ni Dada
Coro: Dada ma so kúmá.

Ero adáshe belona, fun mi lokan sú mere ye.
Coro: Dada má so kúmá

Cantos de Agayú

1
Eléko e Eléko e Agayú, Eléko kue layé
Coro: Repite lo anterior

2
Omoba tele, tele omoba. Omoba tele. Agayú, Omoba tele.
Ení aládó, oní Shangó. Omoba tele. Sho koto.
Coro: Repite lo anterior

3
Agayú sholá nyí o (ñío). Agayú sholá nyí o (ñío).
Baba nya (ña) she ráko
Coro: Agayú sholá nyí o (ñío)

4
Agayú shola kíniwa kó ma she ni yóyó
Coro: O ya, o ya, o tapá, o ya, oya.

5
O ké. O ké ó mo lorisha.
Agayú o mo lorisha.
Agayú ó mo lo nse ere.
Coro: O ké. O ké. Agayú o mo lorisha

6
Shoró ro eléwe mi shoró ro Agayú
Coro: Repite lo anterior

7
¿Taní la? Osha ma mawo tani la. Osha ma mawo
Coro: Repite lo anterior

Shola kini wa ma mawo taní la. Osha ma mawo
Coro: Repite lo anterior

A nya (A ña) ita so róyú. A nya (A ña) ita so róyú.
Coro: Repite lo anterior

8

Má, má, má s ró so ayé. Agayú soró so.

Coro: Má, má, má soró so ayé

Agayú soró so

Coro: Má, má, má soró so ayé

9
Ekó shola kini gba ó. Ekó shola kini gba ó.
Akará shola kini gba, ó ló unye mo da kí o.

Coro: Repite lo anterior

10
Manamáná lo kan ñoro oke lorisha
Manamáná lo kan ñoro oke lorisha
Oke lorisha o. Agayú felera o
Agayú yamunu yamunu
Agayú shola kiniba wo ló unye modanki o

Coro: Repite lo anterior

Rezos

1
Olúba tayo máriki ola oge
Oba Agayú, ishols mi ilé
Ebo o kiyo, amala kú o
O kú o tani oka mayan bí o e

Coro: Shangó niyo momi o e
Shangó niyo momi o e
Oní Koso ni mole sowo sinso olamala kú o
O kú o tani oka mayan bí o e

Ya mulelé. Ya mulelé. Ya mulelé Olúwa mi
Ya mulelé. Ya mulelé. Ya mulelé Olúwa mi
Aga osi o lobale, sinsowo ola, kú Amala o
O kú o tani oka mayan bí o e

Coro: Shangó niyo momi o e
Shangó niyo momi o e
Oní Koso ni mole sowo sinso olamala kú o
O kú o tani oka mayan bí o e

Cantos de Shangó

1
E wé milere, lúbe o ma yó. E wé wé mi. O ma yo.
Shangó, e wa ye, o ma yó.
Coro: Repite lo anterior

Emí so emí, Aladó so moje jere mi ye
Coro: Repite lo anterior

Mo je. Mo je
Coro: Mo je jere mi ye

Mo je amala
Coro: Mo je jere mi ye

Mo je akúko
Coro: Mo je jere mi ye

Mo je ogede
Coro: Mo je jere mi ye

Mo je ayapá
Coro: Mo je jere mi ye

Mo je agbo
Coro: Mo je jere mi ye

¡Mo je a! Shangó
Coro: ¡Mo je a! Shangó

2
Ọba lu bẹ Ọba. Ọba lu bẹ, Oba yè.
Ọba lu bẹ Ọba. Ọba lu bẹ, Oba yè.
Ọba yè, Ọba yá ná, yáná
Coro: Repite lo anterior

Ọba shéré Shangó ilóro. Ọba shéré Shangó ilóro
Coro: Ọba shéré Shangó ilóro. Ọba shéré

Shangó ilóro

Coro: Ọba shéré Shangó ilóro. Ọba shéré

Amala, Ogodó, ilóro
Coro: Ọba shéré Shangó ilóro. Ọba shéré

Aládó ilóro
Coro: Ọba shéré Shangó ilóro. Ọba shéré

3
E ayo, e wéwe mi ayo
Coro: E ayo

Shangó e wéwe mi ayo
Coro: E ayo

Oba e wéwe mi ayo
Coro: E ayo

Yónla, Shangó niyónla agongon, oluwo, olufiná be wawó
Coro: Aládó, Elúfiná, be wawó

Shangó aládó Olúfiná, be wawó
Coro: Aládó, Elúfiná, be wawó

4
Mo foríbo rere
Coro: Mo foríbo rere

Mo foríbo rere o. Shangó tó kán O ya, dé
Coro: Repite lo anterior

Mo foríbale. Onilé a kú o. A wánilé onilé o ya
Mo foríbale. Onilé a kú o. A wánilé onilé o ya
Mo foríbale. Shangó lúba mí
Coro: Aládó lúba mi

5
Wúre wúre kore Iróko.
Iróko lo kéké.
Araba ile koríabanya (koríabaña)
Abanya (Abaña) mi titi,

Olú Koso alá mala dé
Coro: Iná bú káka

¡Ma woó!
Coro: Iná bú káka

¡Ka ma woó!
Coro: Iná bú káka

6
Shangó ya mala koíde. Shangó ya mala koíde.
Coro: ¡E A! A ye Shangó ya mala koíde.

7
E A Shangó butí awa
Coro: ¡E A!

Shangó lá malá mala
Coro: ¡E A!

Yonse mí
Coro: ¡E A!

Elube Shangó
Coro: ¡E E!

Elube amala
Coro: ¡E E!

Elube ayakuá
Coro: ¡E E!

Elube lube yo gbala
Coro: Elube lube yo gbala

Aya wa nílé Oba Koso
Coro: Aya wa nílé Oba Koso

8
Ení aládó koyu dé bole. Ení aládó koyu dé bole.

Títí laye Shangó Oba Koso
Coro: Repite lo anterior

9
Alakata ni mó Oba. Orisha léwa wo, Shangó.
Alakata ni mó Oba. Orisha léwa wo, Shangó
Coro: Alakata ni mó Oba. Orisha léwa wo,
Alakata ni mó Oba. Orisha léwa wo,

Alakata ni mó Oba. Orisha léwa wo, Alafin
Alakata ni mó Oba. ¿Tanímo de léwa wo?
Coro: Alakata ni mó Oba. Orisha léwa wo,
Alakata ni mó Oba. Orisha léwa wo,

Ewa we léwa wo
Coro: Oká baba seléwa

Adé Nyin léwa wo
Coro: Oká baba seléwa

¿Taní mo de léwa wo?
Coro: Oká baba seléwa

Ewa we léwa wo
Coro: Oká baba seléwa

10
Shangó ta mule
Coro: Ala mo fiye

Aró ta mule
Coro: Ala mo fiye

Gbogbo ta mule
Coro: Ala mo fiye

11
Shangó araba, ní bode. Shangó araba, ní bode.
¿Ode ma taní bode?
Shangó araba, ní bode.
Araba Koso ní bode. Oba Koso ní bode.

Coro: Repite lo anterior

12
Ká woó e. Ká woó e. Ká woó e Ka biye síle o.
Ká woó e. Ká woó e. Ká woó e. Ka biye síle o.

Coro: Repite lo anterior

Ká woó e. Aládó.
Ká woó e. Amala ka woó e.
Ka biye síle o.

Coro: Ká woó e. Ká woó e.
Ká woó e Ka biye síle o

13
Ará popo títí laró

Coro: Ará popo

Aro. Aro

Coro: Ará popo

Shangó aro

Coro: Ará popo

Elúbe aro

Coro: Ará popo

14
Iyá Mase lo bí Shangó. Iyá Mase lo bí Shangó.
Gbogbo ará ye oníge le
Iyá Mase lo bí Shangó

Coro: Repite lo anterior

Aya lá. Iyá Mase lo bí Shangó
Gbogbo ará ye oníge le
Iyá Mase lo bí Shangó

Coro: Repite lo anterior

15
Shangó e wé meye

Coro: Repita lo anterior.

Baba mi Shangó e wé meye
Coro: Baba mi Şango e we meyẹ

Shangó lara mí. Shangó lara mí.
Coro: Shangó lara mí. Shangó lara mí.

Shangó, Oba Ko so; Shangó, Oba Ko so
Coro: Shangó, Ọba Ko so. Shangó, Ọba Ko so

La meta, ele le, mí Agogo
Coro: La meta, ele le, mí Agogo

16
Ení ogodó kuá mí.
Ení ogodó kuá mí.
Amala pupa kínyaro
Eyelé le we mí o
Dúrode ní Iba Sókótó
Coro: Repite lo anterior

17
Ki rile ni foba.
A ri yayá kí rinya (kiriña)
Coro: A ri yaya kíriña

Ogodo ogodó mí
Coro: A ri yaya kíriña

Kiriña lóya dé
Coro: A ri yaya kíriña

18
Okoto e awá méfa. Okoto e awá lóna
Ogodó e a wá méfa, ogodó e awá lóna
Coro: Okoto e awá méfa. Okoto e awá lóna

19
Ana wé mi so kua ilele.
Ala, wé mi so kua ilele
Coro: Are mawá. Are mawá. Ala, wé mi so kua ilele

Ala, wé mi so kua ilele

Coro: Ala, wé mi so kua ilele

20
Wara wara Shangó omi dé. A la omi dé (x2)
O loya ago Shangó. Omi dé, a la omi dé
Wara wara Shangó omi dé. A la omi dé (x2)

Coro: repite lo anterior

Ago o loyo ago Shangó. Omi dé. A la omi dé
Odolo Shangó omo dé. A la omi dé

Coro: repite lo anterior

21
Oba Koso. Kisieko ará
Kisieko lúbe bará búle

Coro: Repite lo anterior

22
Mori Shangó, mori mo yoko
Mori Shangó, mori Oba
Mofún Shangó

Coro: Iná oke

Rezos

1
Aluya oni Shangó lákiláki orisha eyo.
Aluya oni Shangó lákiláki orisha eyo.
Aluya mí Shangó mó o a kí adó, mawó orisha eyo.
Egúngún ará aráye kú Olodumare
A gbangba loro wuro. Tawa ni iba wí
Ká yin niká yin ni Shangó dé
O déta ere wemi o. A ye fula a be
Oba Igbo Enú awa ye

Coro: Oba Igbo si are o. Oba Igbo si are o.
Erú amala ebo, era o Oba Koso enú awa ye

Oba sherá o. Oba sherá o. O kóro iko iko lowo
O kú lawa, ayagba yagba oníshangó, la o
Ibú a wá ye.

Coro: Oba Igbo si are o. Oba Igbo si are o.
Erú amala ebo, era o Oba Koso enú awa ye

Okuo okuo okuo okuo mo forí bale fún Shangó
Lóló mí o. Aládó láki lado la wa o
Lambá ọ shire umbá kua
Mo wí gbamban gbamban, olorun ọká erí
Ọkan lowó wé ilé. O kú Olódumare
Ayobí Oyó. Ayobí Oyó. Shangó ayobí niyá
Eleguá ayo bo Shangó, ayo ni ládó
Shangó ọkọnrin kó bí láya ke ẽjilá sebọra Ọbara
Lúbe a la lúbẹ a la oníbára
Alábara se. Adáse. Awa késhé lébele be ọ
Okue te wé láwéláwé
Ishu mi kuele kan shosho Shangó
Lówó kíní wá náni-náni
Shangó a de kawó. Umbá Orisha ọ sha ewe wé mi
Shangó ero wálé. Ero wálé ewanlá
Okóro ikọ-ikọ lówo
O gun lawa a yagba yagba
Tí mbi lójú ero ga le, ewanlá, o
Olúkọ a wáye, ka woó!

Coro: Oba Igbo si are o. Oba Igbo si are o.

A wa ma, ko wa, ye o (2x)
Shangó la ó fi lambó. A bu síre burú takuã
Mo wí bara gbamba gbamba wa, lóroke
Iná shegbó dá; Aládó kawó.
A wáké te la umbe la wé
Oké te ke la umbe la we
Ishu mi ké wé kan shosho
Ọba Koso níilu kọ, a wáye o

Coro: Oba Igbo si are o. Oba Igbo si are o.

Cantos de Obatalá

1
Baba fu ruru, loré re o.
Oká yéyé, Eleyigbo
Elerifa gbási gbásawo.
Eyigbo rere gbási gbáwo
Enu ayé. Eyá wa loro.
Eyá wa loro elése ka

Coro: Repite lo anterior

Baba Elése ka, Baba elése ka
Coro: Eyá wa loro elése ka

Baba wólenshe. Baba wólenshe
Coro: Eyá waloro wólenshe

2
Iwére iyéyé, Iwére iyéyé, Olúwa mi Obatalá,
Oluwa mi Orisha. Iba baba, iba yéyé.
 Obatalá káwó kásho Ma mélo. Ení kí Alawashe
Olófin o sá, Olófin Obarayé
Coro: repite lo anterior
3
Baba, Iyá lawá, Orisha o. Baba, Iyá lawá, Kátioke
Baba, Iyá lawá, Orisha o. Baba, Iyá lawá, Kátioke
Baba, tani boyú elérí oba. Obatalá Orisha o.
A wá ilé le Orisha o.
Baba Iyá lawá Kátioke

Coro: Repita lo anterior

Iworo tani kínse, Baba, Iyá lawá orisha o
Awá Ilé le Orisha o. Baba, Iyá lawá Kátioke

Coro: Iyá lawá Orisha o. Iyá lawá Kátioke (2x)
Tani boyú elérí oba? Obatalá, Orisha o.
A wá ilé Orisha o
Iyá lawá Kátioke

4
Wíníwíní mobánlé. Obatalá mobánlé

Coro: Wíníwíní mobánlé

5
Ayaguna wa rí o, Ayaguna wa
Yékun yékun. Wa mi un oloroke
Ayaguna wá di asho

Coro: Repite lo anterior

Yékun yékun. Wa mi un oloroke. Ayaguna wá di asho

Coro: Repite lo anterior

6
Ení we, níwe ewayo. Ewayo ewayo, kéwe kéwe
Coro: Repite lo anterior

7
Wáyonke. Wáyonke. Wáyoríma. Wayoríma. Wáyonke.
Coro: Repite lo anterior

Obatalá Wáyonke. Wúru e. Wáyoríma, wáyoríma, wáyonke
Coro: Repite lo anterior

8
Aru káká, arú káká. Arú káká mi Obatalá
Coro: Repite lo anterior

9
Aké te Oba, Oba sé niye.
Aké te Oba, Oba sé niye
Baba yoko dára, Obanlá ese,
Obanlá ese Baba fun mi ayé
Coro: Repite lo anterior

10
Enú ayé mo mo sheo. Enú ayé mi Baba
Obatalá ta wíniwíni se kure
Gbogbo la nyá (la iña) se rere
Coro: Repite lo anterior

11
Baba, Oba, Oba sé ye
Tó má Baba, Oba sé ye
Coro: Oba sé ye. Oba sé ye

12
Wáye wáye lo mi o. Wáye ka la meda
Wáye ka la meda. Aremu wáye ka la meda o.
Coro: Repite lo anterior

13
Ayé mbelé itó itó itó, ayé mbelé. Ose mi lódo
Coro: Ayé mbelé itó itó itó, ayé mbelé

Itó itó itó
Coro: Ayé mbelé itó itó itó, ayé mbelé

14
Yékun yékun bilé o, Orisha kówólé (x2)
Coro: Repite lo anterior

15
Orisha pa wón. Pa wón, pa wón.
Orisha pa wón lóyur
Coro: Orisha pa wón. Pa wón, pa wón. Orisha

16
Obatalá kíní o kú o,
Obatalá kiní o kú o
Teletele yo kíní yena o. Layé layé soro kotóna se
Obanlá ní kawo lorisha
Coro: Obanláyé Obanlá. Obanlá ye, Obanlá dide.
Obanlá fe ye esi mo oro
Obanlá dide dide.

17
Odu Aremú o bíyó Odu Aremú ogbé lona.
Alágogo semi semi layé, Aremú kuela ye.
Baba mí shokotó, Aremú kuela ye, Odú kue layé.
Coro: Repite lo anterior

Odu du kue laye
Coro: Baba mí shokotó, Aremú kuela ye

18
Yalé. Yalé yalé. Gbogbo yalé.
Ayaguna yalé. Yalé, gbogbo yalé
Coro: Repite lo anterior

19
Ewa wo kéyé yé, ewa wo kéyé yé
Ayaguna wólenshe
Coro: Ewa wo kéyé yé

Obatalá kue ya mi
Coro: Ewa wo kéyé yé

20
Baba Oba Itó.
Ase tó omolé.
Ase tó omolé

Coro: Repite lo anterior

21
Orishanlá taládé eyí o Alágogo

Coro: Repite lo anterior

Orishanlá o Alágogo yé o

Coro: Repite lo anterior

Rezos

1
Obatalá biriniwa, oniwa lanu
Jekua Baba Odumila
Odu Aremu, Oshanlá
Ayaguna Eleribó,
Ye okúlagba, okú ala ashe ológbo
Ashe to, Ashe bó,
Ashe ariku babawa.

2

Baba Aláyé o, Baba Aláyé o
Baba kue wú ro. O bí eyo aráyé o
O kú ni Bamba

Coro: Repite lo anterior

Baba Elerifa Odumila gbogbo Iworo. Baba Elerifa
Odumila eyilala. Baba kolala o, Obatalá.
O kú abuké, abuké. Okú aro. Baba o sanbí olá
Déyé Okuní baba mi.

Coro: Baba Alaye o. Baba Alaye o. Baba kuewuro
Osha ni olaye o. Okuni o baba mi.

Iworo, Obatalá kofiedenu. Lami mase
Otani kinshe Baba o Obatalá kofiefenu.
Lami mase o- Baba wóle, wolembo Obatalá shikambo.
Ayaguna okalambo

Eyilala. Baba sholala o.
Obatalá okú Abuke abuke
Okú aro, Baba; Oba, Oba seye. T
oma Baba arayé o

Coro: Baba arayé o, Baba arayé o, Baba kuewuro
Osha ni o laye o. Okuni o baba mi.

Cantos de Oba

1
Oba Elekó, aya osi,
Ashaba Elekó, Aya osi

Coro: Repite lo anterior

2
Aisa, aisa lóbanlore. Aisa lóbanlore
Aya osi, Eléko, iyá oba lomo Oba
Iya oba lomo Oba, iyá oba lomo Oba.

Coro: Aya osi, Elékó, iyá oba lomo Oba

Iyá oba lomo Oba (x2)

Coro: Aya osi, Elékó, iyá oba lomo Oba

3
Ewé iyá o, ewé we si Ewé iyá o, ewé we si
Ashabá ewé we si
La o fisi gude kó imá awo

Coro: Repite lo anterior

4
Ferere kún fere

Coro: Eru la finda afara wa

Ferere kún fere

Coro: Erí ashe ba sárawa

5
Emí owó, emí owó

Coro: Repite lo anterior

Emí owó mún yanga

Coro: Repite lo anterior

Emí owó serere
Coro: Repite lo anterior

Emí owó ferawo
Coro: Repite lo anterior

Ala ka mádó elépo
Coro: Eléda mi wo elépo

6
Torí kú o torí akara
Torí kú o torí akara
Ashaba torí akara
Lao fisi gude kó imáwo
Coro: Repite lo anterio

Cantos de Yewa

1
Olomo Yewa. O Yewa. O Yewa o
Coro: Repite lo anterior

2
Kéye. Kéye kanké. Kéye. Kéye kanké
Olomo Yewa o
Coro: Kéye. Kéye kanké

Obini Yewa o
Coro: Repite lo anterior

3
Orisha beyi kuerú omo Yewa.
Orisha beyi kuerú omo Yewa
Iba laye kórayé. Iba laye kórayé
Coro: Repite lo anterior

4
Iroko. Iroko ye o. Yewa tete kíoma lo sheshe

Coro: Repite lo anterior

Oka lawo
Coro: Enyoyoro

Asikan dun mi
Coro: Nyo nyorí (Ño ñorí)

5
A wá momí. A wá o Yewa
A wá momí. A wá o Yewa
Coro: Repite lo anterior

6
Oyenyé itó. Oyenyé itó. E itó itó o rumo Yewa
Coro: Nyé nyé (Ñenñe) itó

Itó itó orumo Yewa
Coro: Nyé nyé (Ñenñe) itó

7
Yewa lobiní (x3)
Gbogbo surere
Coro: Repite lo anterior

Cantos de Oyá

1
Oya dé. Iba rí Ibá, sheké shé.
Oya dé Iba rí Ibá, sheké shé
Ago iná, ago lóna
Oya dé ire o. Oya dé
Coro: Repite lo anterior

2
Oya dé ee
Coro: repite lo anterior

Oya dé ee
Coro: repite lo anterior

Oya dé mariwó ya
Coro: repite lo anterior

Ko ko ko. Dín iyalé imolé ya
Coro: Ko ko ko

Dín iyalé imolé ya
Coro: Ko ko ko

3
Eremi o she. Oya. O kua Akará kó lóro
Coro: Repite lo anterior

Kalá Kalá wo. Onikará la wó. O le le
Coro: O yan kará. Oní kará la wó. O le le

Oní kará la wó
Coro: O le le

O wímí. O wímí
Coro: O le le

Oya mésán eyi
Coro: O le le

Oya mésán iyi
Coro: O le le

Oya mésán e nú
Coro: O le le

4
Oya wíma wíma. Oya wíma wíma
Shokoto kuenkue elénu Oya
Coro: Repite lo anterior

5
Wámá Oya e a die. A die wámá (x2)
Coro: Repite lo anterior

Iba lóya e. A die a die Oya
Coro: Iba lóya e. A die a die lóya

6
¡Iye ekua! ¡Iye ekua! Oyansile kúnfo Oya wó. Awadé
Ará kóyumá, wó o
Coro: Oya dé

(Oya llega)
Ará kóyumá, wó o
Coro: Oya dé

7
Iborí boya Iborí boya. Moléya ya. Mole base
Coro: Repite lo anterior

8
Ayílódá Oya o kú o.
Olomo dé ké eyó. A ya bá o
Coro: Repite lo anterior

Oya dé ariwo. Oyansán lóro shokoto
Coro: Repite lo anterior

Oya dé ariwo. O mésan lóro shokoto
Coro: Oya dé ariwo. Oyansán lóro shokoto

9
Eee Oya wími lóro ee. Oya, Oya wími lóro ee
Oya kará, Orisha aleyo. E wíma yoro. E ké ola
Coro: Repite lo anterior

10
Oya o yá ilé o. Oya mobá loroké
Coro: Repite lo anterior

11
Agogo Oya, agogo Oya, agogo itó, itó Oya
Coro: Repite lo anterior

12

Oya iló Oya
Coro: Repite lo anterior

Akete Oya ugá membe
Coro: Oya iló Oya

13
Té reremá. Oya iló Oya
Coro: Oya nsánlá té reremá

14
Iyánsán kuami, o mánfo
Oya dé, obíní sá ba erí
Coro: Akaránsá ba erí. Akaránsá ba erí

O mánfo. Oya dé. Obínísá ba erí
Coro: Akaránsá ba erí. Akaránsá ba erí

Rezos

1
Oya, Oya mbelo. Oya morere
A kama láro, oyé. Oyé we o. Nu kó, nu so
Wayé, wayé obini sa. Oya mílóde o, o si ketakún
Foya la meta. Odu rúba, loyé o ará ira wo ee

Coro: Ayaba dé níre o. Ayaba dé níre o. Obiní ayí dá

Ayaba, Ayaba unlo sé kuele lé oke ibikú
A din iñale loye. Loye, loye, loye
Lobayá. Ma la wola lona
Ya ké´ke séle, ya kéké sele
Su odu soyo so yanon ibu a kékéké
Ee Oya wí mi loro ee

Coro: Ee Oya wí mi loro ee. Ee Oya wí mi loro ee
Oya kará, Orisha aleyo, e kí mayoro. E ké Ola

Ayaba, Ayaba wuró séke wéle lé oke (x2)
Osa bikú, a dí iyale loya, loya loya
Má ma lawo lawo na Ikú. A kéké séle Ikú
A kéké séle, su odu, soyo, so
Yánu eke Ola

Coro: Ee Oya wí mi loro ee. Ee Oya wí mi loro ee
Oya kará, Orisha aleyo, e kí mayoro. E ké Ola

Ayaba, Ayaba unló séke wéle lé oke
Osa bikú, a dí iyale loya, loya loya
Bá kamala bona. Iyá kéké séle, iyá kéké séle
Sonlé, soyo, so yanun Ikú. Akékéké
Ee Oya wí mi loro eké Ola

Coro: Ee Oya wí mi loro ee. Ee Oya wí mi loro ee
Oya kará, Orisha aleyo, e kí mayoro. E ké Ola

Se kété, gbogbo e. Se kété gbogbo e
A beré bikú, elése Olodumare. Se kété, gbogbo e
E ké Ola

Coro: Ee Oya wí mi loro ee. Ee Oya wí mi loro ee
Oya kará, Orisha aleyo, e kí mayoro. E ké Ola

Cantos de Oshún

1
Aládé yé Aládé yé moro
Coro: Repite lo anterior

Aládé yé. Iyá mi olú Yéyé
Coro: Aládé yé Aládé yé moro

Aládé koyu Iyá mi moro
Coro: Aládé yé Aládé yé moro

2
Yéyé bí o bí o sú o. Yéyé bí o bí o sú o
Yeyé tani má wá rubo rere o (x2)
Arúgbo títí Yéyé o
Coro: Yeyé tani má wá rubo rere o
Arúgbo títí Yéyé o

Coro: Yeyé tani má wá rubo rere o

Yeyé arúgbo títí Yéyé o
Coro: Yeyé tani má wá rubo rere o

3

Oyouro were were were oyouro aládé ye ye o
Coro: Oyouro were were were oyouro

Awadó fomo lorun
Coro: Oyouro were were were oyouro, awadó fomo lorun.
Oyouro were were were oyouro

4
Oshishe iwa mawo. Oshishe iwa mawo
Ká kíle koba lara mi Oshún
Coro: Mo yuba, mo yuba Oshishe
Ero, wá mabará bo, mo yu fa kata

5
Yéyé taládé, Oshún, taládé moro
Coro: Yéyé taládé

Taládé moro gbogbo orisha
Coro: Yéyé taládé

A kí bamba yún nú
Coro: Yéyé taládé

Yéyé otó, lórefa, a kífala idó
Coro: Yéyé taládé

6
Iyálóde mo fiye
Coro: A la Mo fiye moro

7
A lá, a lá. A lá shírere
A lá, shírere, A lá, shírere, A lá, shírere o má
Coro: A lá, a lá. A lá shírere

Aládé koyu a la shírere. Oshún a la shírere o má
Coro: A lá, a lá. A lá shírere

8
Iyá dide o. Dide kó wa, Máyambelé
Coro: Alade koyu dide. Otolorefa dide

Ko máyambelé
Aláde koyu dide.

9
Imbe imbe ma Yéyé.
Imbe imbe loro
Coro: Repite lo anterior

Imbe imbe ma Yéyé. Imbe imbe loro
Coro: Repite lo anterior

10
Beoni abebe Oshún
Beoni abebe eye dá
Iyá yúnnú bara láre wa
Beoni abebe Oshún
Coro: Repite lo anterior

11
Ofé yí sí dá
Coro: Ofé yí sí dá. Ofé yí sí dá

E Láde Oshún
Coro: O sha mina layé o

Láre láre
Coro: E kó

O má, o má oke oke, Yéyé Moro
Coro: O má, o má oke oke

A sé aláila
Coro: A sé aláila

A yé le kokó mayode
Coro: A yé le kokó mayode

12
Yéyé we milere
Coro: Alá Yéyé malere a

Osha kí niwa
Coro: Kó wosun

Iyá ká tana
Coro: Kó wosun

Aríba lo mayo
Coro: Kó wosun

Oshún Ikole Alawana
Coro: Kó wosun

13
A lá were. Erú o si were
Kwa mila Oshún
Coro: Kwa mila Oshún

Oshún Were. A la were Yéyé
Coro: Kwa mila Oshún

14
Ide wére wére nita Oshún, ide wére wére
Ide wére wére nita Oshún, ide wére wére nita yámi
Osha kíníwá nita Oshún
Sheké Shéké nita Oshún, Ide wére wére
Coro: Repite lo anterior

Yeyé wa ilere
Coro: A lá iyoyé wa ilere wa

Baba shéke iyá mi
Coro: Mokoshún

Are katara
Coro: Mokoshún

15
Oro ko mi Yéyé. Oro ko mi Yesha
Wátí bansoro ko
Coro: Yeyé Olúde, Yeyé Olúde, basi basi imban soro ko

Yeyé kwa milu dé
Coro: Yeyé kwa milu dé, akará

16
Yeyé moro ide. Oshún moro ide
Yeyé moro oyin (oñí). A be Iyá oyin (oñí)
Coro: Oyin abe (oñí abe)

E abe
Coro: Oyin abe (oñí abe)

E oyin (E oñí)
Coro: Oyin abe (oñí abe)

Yeyé oyin
Coro: Oyin abe (oñí abe)

17
Iyálóde, Aládé níde
Oshún Ikole, Aládé níde
Coro: Ofé Ikole wímá

Iyálóde, Aládé níde
Coro: Ofé Ikole wímá

Oshún Ikole, Aládé níde
Coro: Ofé Ikole wímá

18
Oshún mo láre káwo o. Oshún mo láre káwo o
Yemayá, omi dára, o dé
Coro: Repite lo anterior

19
Aládé, yió. Aládé yió, Yéyé
Coro: Yeyé, Aládé yío. Aládé yío, Yeyé

20
Ala mil shere mi. Shere Iyálóde
Coro: Ala mil shere mi. Shere

Iyálóde
Coro: Ala mil shere mi. Shere

21
Aketé imbe Oshun ma ilé
Iyá ma dé Olodumare
Coro: Akété imbe Oshún ma ilé

Akété imbe Oshún
Coro: Akété imbe Oshún ma ilé

22
Olóro ye o. Oshún oro ye o
Oro ye o. Oshún oro ye o
Yeyé kurúrú, sheshe kurúrú
O ba níye. Oshún oro ye o.
Coro: Yeyé oro ye o

23
Kó márí ida Ide Oshún
Coro: Séke séke, séke séke séke
Kó marí ida kó má séke Oshún

24
Soro ká okú Yeyé
Coro: Erú lé, erú lé, erú lé

Soro ká okú amalá
Coro: Amala, amala, amala

Soro bámbí omode
Coro: Omodé, omodé, omodé

Soro bámbí o
Coro: Gbagba Iroko gbagba

Rezos

1
Bí ayá odo. Bí ayé ibu

Ayé to Olokun shenshe bo
Ishé be o ago madá
Abé wa yo. Ayaba ti békó máma niyó
E buyileti bo be. Gbaroyé korí dekun
Iyalode Iyesa, Móri Yeyé o
Mo wi oni. Mowi ona Kó ba dé wá ishé
Iyalode kó wárá moro eléfa.

Coro: Iyá mi ilé odo. Iyá mi ilé odo
Gbogbo ashe. Obí ní sala mawo e.
Iyá mi ilé odo.

Dálé koyu e buyi odo. Iyá mi mo yúba
O shé omoro dé. O dé. O yá kóta. O ya kóta
Ayé to Olokun ara ra
E buyi létú bo be gbaroye
A kétí Oshún Iyálode Iyesa
Mori yéyé oi, mowí oni
Mo wí ona, ko ba dé wá ishé
Iyalóde kó wárá moro eléfá

Coro: Iyá mi ilé odo. Iyá mi ilé odo
Gbogbo ashe. Obí ní sala mawo e.
Iyá mi ilé odo.

Mila dé Odún mi ya Iyálode. Aládé, ifún ashe, tólokun
O sá amewá yo. Ayaba dide
Kó baba ni yó. O sá kéko wa lerí
Kó wa níyé. Kó wa níyé, yoro konta
O Iléle buyi; Eletíí gbaroyé
Yé abángá, dide awo, máda
E léle buyi, Eletí wé gbaroyé
Mirawo na apetebi Oshún.

Coro: Coro: Iyá mi ilé odo. Iyá mi ilé odo
Gbogbo ashe. Obí ní sala mawo e.
Iyá mi ilé odo.

Cantos de Yemayá

1

Sokuta ni o, awá sesun
Coro: E wíma sere. Olúmi dé

Bará ago ago yemayá Bará ago ago oro mi

Coro: Repite lo anterior

2
Yemayá e Olódo. Awoyó Yemayá
Coro: Repite lo anterior

Yemayá lóde
Coro: Awoyó ayé Awoyó

Yemayá Iya mi lóde
Coro: Awoyó ayé Awoyó

3
Iborere? Iborere o? Agolona mi a wa
Iborere? Iborere o? Agolona mi a wa
Coro: Repite lo anterior

4
A wemale. A wemale, Awe
Yemayá fun milowo
Coro: A wemale. A wemale, Awe

Ashaba fun milowo
Coro: A wemale. A wemale, Awe

Asesun fun milowo
Coro: A wemale. A wemale, Awe

Mayelewo fun milowo
Coro: A wemale. A wemale, Awe

5
Awoyó, omo lode, omo títi yó, Eléyó ladé
Coro: Omo de omo títi yó. Eléyó ladé

Yemayá, omo lóde lóni kwakwa kéno Iyá. Mokún yó
Coro: Omo de omo títi yó. Eléyó ladé

Yemayá, Olúba en eké. Iyán ya kono ko
Olukan en eké. Mayelewo. Iya ya ko noko
Eran wiwe oníyán yan. Omo lómi ode

Coro: Orisha oko eféfe yawo
Mowi mowi mo wi máriwo
Orisha Oko ogún fere yawo
Mowí mowí mo wí máriwo

Emi ode, omode, omode, emi ode
Ma su kwakwa iyán we eléko

Coro: Emi ode, omode, omode, emi ode
Ma su kwakwa iyán we eléko

Yemayá sikini

Coro: Ala modansé

6
Warami ma ma yo kóda warami.
Ma ma yo kóda.
Warami ma ma yo kóda warami.
Ma ma yo kóda

Coro: Repite lo anterior

7
Yemayá orobiní láye o Yemayá
Iyá abo yokota, elese ké Oshún
Yemayá orobiní láye o
Ewá wo sokuta elese Oshún
Yemayá orobiní láye o

Coro: repite lo anterior

8
Kai! Kai! kai! Yemayá Olódo
Kai! Kai! kai! Iyá mi Olódo

Coro: Repite lo anterior

9
Ladi oke. Ladi oke.
Yemayá ladi oke, ladi oke

Coro: Repite lo anterior

10
Yemayá asesun. Asesun Yemayá
Yemayá asesun. Asesun Yemayá
Yemayá Olódo. Olódo Yemayá
Yemayá Olódo. Olódo Yemayá

Coro: Repite lo anterior

Ataramawa, Yemayá asesun. Asesun Yemayá
Yemayá asesun. Asesun Yemayá
Yemayá Olódo. Olódo Yemayá

Coro: Yemayá asesun. Asesun Yemayá
Yemayá asesun. Asesun Yemayá
Yemayá Olódo. Olódo Yemayá
Yemayá Olódo. Olódo Yemayá

11
Awé ka madele o. Awé ka madele
Yemayá awé ka madele o

Coro: Repite lo anterior

12
Odá Asesun.

Coro: Akí Yemayá

Odu Asesun.

Coro: Omi Yemayá. Akú o takwele o
A wa Asesun wére wére asho ewé.

Wére wére asho ewé

Coro: Akí Yemayá

Yemayá wére wére asho ewé

Coro: Akí Yemayá

Wére wére asho Shangó

Coro: Akí Yemayá

Wére wére asho Ogún

Coro: Akí Yemayá

13
Iyá oromi

Coro: Iyá orefa

Iyá oromi

Coro: Iyá orefa, Awoyó Yemayá, mowí mona o. Se Isheimo

Mowí mona o
Coro: Iyá orefa

14
Okikí oní Yemayá, okikí okikí oniyemayá
Iyá fún mi báya dé akwarere
Okikí oní Yemayá
Coro: Repite lo anterior

15
Yemayá o gún e wáwo,
O gún wawo dé.
A kere kwalode.
Yemayá o gún e bawo dé.
O gún bawo dé
Coro: Yemayá o gún e bawo dé. O gún bawo dé

16
Yemayá mayó. Yemayá mayó
Coro: Repite lo anterior

Yemayá mayó. Yemayá mayó
Coro: Ni die die

17
O mo sitó Mo sitó
Iyá ladé, komo yo. Kotó
Coro: Repite lo anterior

18
Wolo wolo sun o ni Yemayá
Wolo wolo sun o ni Kuekueye, ashé
Coro: Repite lo anterior

19
Awé, ario. Awé Yemayá. Ario awé
Coro: Repita lo anterior

Yemayá oke, ario oke. Oke ario oke
Coro: Oke ario. Oke Yemayá ario oke

20

Sé Ishé Imo
Coro: Awa sé simo

Sé Ishé Olórun
Coro: Awa sé simo

Sé Ishé Olódu
Coro: Awa sé simo

Olómi, Olódu, Olokun o yare
Coro: Awa sé simo

Rezos

1
O siniba o yále, yále yálumo o
Iyá le omi abé, Ayaba omi o

Coro: Eko, Iyá le, yálumo o. Yále omi abé, Ayaba omi o

Abarakata se mi lowo. Orisha de o
Abarakata se mi lowo. Orisha de o
Yéyá lúmo o
Abarakata se mi lowo
Omi abe. Ayaba omi o

Coro: Eko, Iyá le, yálumo o. Yále omi abé, Ayaba omi o

Ago lona sodí dé
Ago lona sodí dé
Yale, yalódo
Yale omi abé, Ayaba omi o

Coro: Eko, Iyá le, yálumo o. Yále omi abé, Ayaba omi o

Sokun, sokun. Omi towo towo
Sokun, sokun. Omi towo towo
Yemayá, Ashabi o, Olódo omi abé
Ayaba omi o

Coro: Eko, Iyá le, yálumo o. Yále omi abé, Ayaba omi o

Agolona o yale
Agolona o yale
Yale, yalumo o

Yale omi abé, Ayaba omi o
Coro: Eko, Iyá le, yálumo o. Yále omi abé, Ayaba omi o

2
Yemayá iya mi latebó
Atara mawa mi o
Ayaba bi Olokun
Okere Olokun agana de dewo
Akoba yire o
Ashere Ogún ayaba
Tiwa oru omi fiedenu
Iyá omi, gbogbo alagba, iyá rokoko
Yemayá losan loru, Ashama aruma, adima

Cantos de Orunmila

1
Yoko bi o bo obi
Coro: Ayalawo. Yoko bi o bo obi. Ayalawo

Yoko bi o bo bi
Coro: Ayalawo. Yoko bi o bo obi. Ayalawo

2
Ofé yékete oluwo, seráwo. ¿Eniki lawa se?
Ofé yékete oluwo, seráwo. ¿Eniki lawa se? Awo
Coro: Repite lo anterior

3
Máyelé kún fére Ifá
Coro: Erí ki, máyelé kún fére Ifá, Eri ki

Máyelé kún fé awo
Coro: Erí ki, máyelé kún fé Ifá, Eri ki

4
Aunkó orun la lakáláká, la bóse
Ifá Aunkó orun la lakáláká, la bóse awo
Coro: Repite lo anterior

5
Eléke te méye.

Orunmila Eléke te meye
Bogbo sha kú tó awo Shé mi o
Coro: Eléke te meye

Bogbo sha kú tó awo Shé mi o
Coro: Eléke te meye

Orunmila
Coro: Eléke te meye

Orunmila
Coro: Eléke te meye

6
Orunmila taládé. Baba moforibale
Coro: Repite lo anterior

7
Eya tutu lomi lawo.
Eya tutu lomi lawo
Orunmila, eya tutu lomi lawo.
Eya tutu lomi lawo
Coro: Repite lo anterior

Cantos de Olokun

1
A wá Onilé.
A wá ero.
A wá Onilé.
A wá ero
Iyá tewe, tewe, tewe
A wá ero, Iyá dádé Olokun
Coro: Sawádé. Dádé Olokun. Sawádé

Dádé Olokun
Coro: Sawádé. Dádé Olokun. Sawádé

2
Olokun bawa o

Coro: Bawa orisha, bawa o aye

Olokun Baba o
Coro: Baba Orisha, Baba o ayé

3
Imo sitó, mo sitó
Olokun ladé kómo shokotó
Coro: Repite lo anterior

4
Alawa lawa la mishe
Olokun la mishe
Coro: Alawa lawa la mishe

5
A mayo e. A mayo e
A umba wáshire. A umba wá o sin
A umba wáshire. A umba wá o sin
A mayo e. A mayo e
Coro: Repite lo anterior

6
Iya mábinú
Coro: Ebí a má kisi nilogun

Iya mábinú
Coro: Ebí a má ki ti loro sun

Cantos de clausura de toque de tambor

1
A fofo unlo. Yeyé unlo.
Eshu mi dara unlo
Pa kéte, pa kéte fofolé
Coro: Repite lo anterior

2
A forúlo. Enila kunfo ode miwo
Aworúlo. Enila kunfo ode miwo
Coro: Repite lo anterior

Canto de Olokun
A wádo e. A wádo, Olokun Baba o
Coro: Repite lo anterior

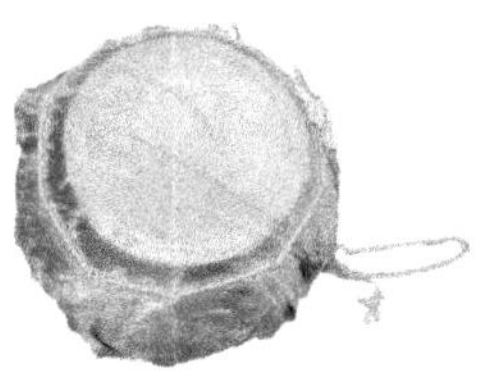

Glosario

Abata: Es un Orisha que está relacionado a los pantanos, en la naturaleza lo simboliza el majá, siempre acompaña a Inle, Orisha de la medicina.

abó: Carnero

aburo: (abure): Hermano, de sangre o de Orisha

adá: Machete

adé: Corona

adié: Gallina

adimú: Tipo de ofrenda de frutas, flores u otro elemento aceptado en consulta y que se coloca frente al Orisha.

afefé: Viento

Agayú: Orisha que representa las montañas, el volcán, el magma del interior de la tierra. Su nombre deriva del yoruba Aginjù Solá (Aginjù: desierto - So: voz - Àlá: Cubrir), literalmente "El que cubre el desierto con su voz". Bastión de la Orisha, hermano de Shangó.

agbani: Venado

agogó: Campana de Obatalá

aguja: En lukumí: abére

agután: Carnera

Ainá. Uno de los nueve hijos de Oyá. Ella es la sexta en salir de su vientre; y por ser representante de uno de los elementos de la naturaleza como lo es el fuego, le fue asignado el papel de guía de los nueve. Ella es el fuego mismo y está asociada como corriente de Shangó, quien fue escogido para su crianza y vive en una cazuelita de madera cerca de él.

Ajé Shaluga: Orisha que representa la salud y las riquezas también de la suerte. Se representa en una concha de caracol grande. Lo adoran las personas como su patrón en el comercio y sitúan dinero en conchas para propiciarlo. Se le considera venático, lleno de antojos y caprichos.

akara: Tipo de adimú, fritura de masa de frijol de carita. También traduce pan.

akuaro: Codorniz

akukó: Gallo

aladimu: Tipo de ofrenda de frutas, flores u otro elemento aceptado en consulta y que se coloca sobre el recipiente del Orisha.

aleyo: Neófito, persona no consagrada, transeúnte o visitante.

amalá: Harina de maíz

amalá ilá: Comida preferida del Orisha Shangó, consistente en harina de maíz con quimbombó, se le puede poner cocida aliñada con otros ingredientes o sin coser. También es un adimú para Agayú.

Añá (Anya): Orisha del Tambor Batá. Es mediante Añá que se le da conocimiento a Olodumare, que un neófito, una persona determinada, se ha consagrado en la tierra, para que facilite el vínculo entre esta persona y los Orishas. Está representado por los tambores Batá que es donde reside este Orisha.

añil: Polvo de color azul que se le coloca al agua en determinadas ceremonias a Yemayá y a Olokun.

Ará: El cuerpo, la Tierra

ará onú: Relacionado con las espiritualidades. Tierra de los muertos. De la gente del cielo.

arúgbo: Relacionado a persona anciana, viejo, vieja.

ashabá: Cadena, por lo general se refiere a una cadena pequeña que le manda a colocar a las personas en el tobillo izquierdo, Marcado en una consulta con Dilogún.

Ashé: Es la fuerza vital. Es el poder que emana de Olodumare, y que otorgó a todos los Orishas para que, en cada uno de ellos, según su particular representación en la naturaleza lo usen en favor de ella. Es la virtud de una persona en su verbo, en su bendición.

ashelú: En lenguaje lukumí, expresa relación a agente de policía, la justicia.

asheré: Maraca. Instrumento sagrado para Shangó, que también puede ser usado en otros Orishas.

awadó: Maíz tostado

awó: Secreto de lo sagrado. Suele identificarse así también a un sacerdote de Ifá.

awofakan: Tipo de ceremonia en Ifá que se les hace a los hombres, donde se le entrega lo que popularmente llaman "mano de Orunmila".

ayá: Perro

babalawo: Sacerdote de Ifá. Significa padre de los secretos.

babalosha: Sacerdote de la Orisha, que apadrina en la iniciación de un neófito en la religión, lo orienta y guía.

Babaluayé: Orisha que representa a las afecciones de la piel, las enfermedades contagiosas, especialmente las venéreas y las epidemias en el ser humano. Su nombre viene del yoruba Babalú Ayé (padre del mundo), también conocido en Nigeria como Azojuano (Azowano), Rey de Nupe, territorio de los Tapa. Para los Arará es hijo de Ananú, los Lukumís lo tienen como hijo de Naná Burukú y esas dos deidades son entregadas junto a él.

Batá: Conjunto instrumental de tres tambores rituales de dos parches, denominados de mayor a menor iyá, itótele y okónkolo.

Bembé: Fiesta, baile de tambor para los Orishas.

burukú: Se dice de algo que es oscuro o que proviene de trabajos realizados por un hechicero. También a través de muerto oscuro.

carnero: abó

corojo: Es un aceite espeso que se emplea en ceremonias de Orisha a Orishas como: Eleguá, Ogún, Shangó, Oyá...

champola: Es una bebida que se le prepara a Obatalá en base a guanábana leche y azúcar. Se le pone como adimú.

chiva: Eure en lukumí. Se le ofrenda a Obatalá, Oyá, también a Orunmila.

chivo: Ounko en lukumí. Se les ofrenda a los guerreros entre otros.

chivo capón: Ounko edán en lukumí. Suele ofrecérsele a Oshún. En algunas casas (*ilés Osha*) también se lo ofrendan a Agayú.

Dadá: Dadá es la deidad de los niños no nacidos y, por tanto, relacionada con el desarrollo y la protección del embrión humano. Se dice que Dada viene siendo la cabeza en la vida de Shangó, es su hermano mayor y es quien lo crio y lo salvó de la enfermedad. Dadá y Bayani son dos y uno a la vez.

dede wan tolokun: Es uno de los tipos de Iré, que significa o habla de una suerte que viene a través o desde lo profundo del mar.

Ebó: Sacrificio u ofrenda, es un acto propiciatorio a los Orishas, para aplacar o eliminar la acción dañina de las negatividades u Osobo, también para honrar o agradecer a un Orisha en particular, y no solo se refiere a sacrificio de sangre, es un acto propiciatorio donde se pueden ofrecer diferentes tipos de comidas, viandas, etc.

Ebó kere: Significa Ebó pequeño. Se hace de forma inmediata cuando es marcado, y se propicia con lo que se tenga a la mano de comida, vianda, granos, pan, pero es un solo elemento lo que se va a utilizar para este Ebó.

Ebó keun edu keun: Limpieza que se hace delante de un Orisha por un tiempo determinado en consulta con los elementos que también se marcan allí y con algo distinto cada día.

Ebó misi: Se refiere a baños con los elementos que se marquen en la consulta.

Ebó oriaté: Ebó practicado por un Oba Oriaté en estera, aunque este Ebó se puede marcar en una consulta, normalmente éste se realiza al final de un Itá de iniciación de un Iyawó.

Ebó shure: Ebó que se realiza con viandas, granos, vegetales, frutas, carnes o cualquier otro producto comestible, colocados todos en un recipiente frente a Orisha, al lado coloca un recipiente vacío donde cada día después de limpiarse ante Orisha colocará los elementos de limpieza utilizados. A diferencia del Ebó keun edu keun que los elementos no tienen que permanecer frente a Orisha.

edún: Mono

Egun: Son los espíritus de los antepasados y de nuestros difuntos. Antes de las ceremonias y los ritos de Orisha-Ifá, es necesario atender a esos espíritus.

eijé (eiyé): Pájaro

ejó: Serpiente. Se le conoce también como majá.

ejoro (eyoro): Conejo

ekó: Es un tipo de adimú, maíz cocinado y molido, luego envuelto en hojas de plátano y vuelto a cocer sin sal.

ekru: Tipo de adimú preparado a base de una masa de frijol de carita con su cáscara, envuelto en hoja de plátano.

ekú: Jutía ahumada. Tipo de roedor de la manigua cubana.

ekún: Leopardo

ekute: Ratón

Eledá: Se dice que es donde reside Orí, según lukumí, pero también se tiene como el creador, el todopoderoso.

Eleguá: Su nombre original proviene del yoruba Èsú Elègbará (mensajero príncipe de los que viven en Egbá). Es el dueño de los caminos y puertas en este mundo. Eleguá se constituye en la encrucijada de lo humano y lo divino, pues es el infantil mensajero entre Orún y Ayé (el cielo y la tierra). Es un Orisha del grupo de los Guerreros. En la naturaleza está simbolizado por las rocas. Eleguá vive detrás de la puerta, cuidando el ilé de quien lo posee.

elekes: Collares de Orisha o de fundamento, que se le da bajo ceremonia a una persona que se inicia, en la religión de Orisha en su primer paso que es recibir collares (elekes).

eñí: Huevo

eñí adié: Huevo de gallina

erán: Carne

erán malú: Carne de res

erín: Elefante

epó: Aceite o manteca de corojo.

Eshu: Eshu es el mensajero de los Orishas; es el intermediario entre los hombres y los Orishas. *Eshu* rige sobre la comunicación, la palabra, las encrucijadas de los caminos (simbolizando las diferentes opciones de la vida), el comercio, el trabajo, etc.

etú: Guinea

euré: Chiva

ewé: Referido a monte, hierbas. Las yerbas y palos de monte son imprescindibles en las ceremonias de Orisha. Ewe es el término que se usa para referirse a las plantas (monte, hierbas, bosques o toda la vegetación), entre los descendientes de los yoruba-lucumí (y que los descendientes de los congos denominan viti-ti-nfinda).

ewire: Fuelle

eyá: Pescado. Puede ser ahumado.

eyé: Sangre

eyelé: Paloma.

eyó: Tipo de Osobo que traduce tragedia, discusiones, desacuerdos, revolución.

Fermina Gómez – Oshabí: Iyalosha, unos de los pilares fundamentales de la Orisha en sus inicios como Regla de Orisha, fue ahijada de Ma. Monserrate González –Obatero-, de ella recibió aparte de su iniciación los fundamentos de la deidad Olokun, siendo la primera persona consagrada en Cuba que recibe este Orisha, de allí se desprenden todos los Olokun que hasta el día de hoy recibimos los iniciados en esta religión.

foré: Favorable

fuelle (ewiri): Elemento que usa el Orisha Ogún con su fragua para avivar el fuego.

funfún: Color blanco

gallina: Adié

gallo: Akukó

guerreros: Grupo de Orishas conformados por Eleguá, Ogún y Oshosi. En la ceremonia donde se reciben los guerreros también se incluye Ozun.

guinea: Etú

huevo: Eñi

Ibeyi: Orishas menores, gemelos. Personifican la fortuna, la prosperidad y proporcionan además seguridad y protección contra situaciones malévolas.

Ibú: El río

Idowu (Ideú): Niño hermano de los Ibeyi y que nace a continuación de ellos

Ifé: Ciudad sagrada yoruba

igui: En lukumí es la expresión que identifica, palo o árbol.

ikoko: Cazuela o freidera

ikofá: Fundamento de Ifá que reciben las mujeres en ceremonia de bajada de Orunmila. Denominada popularmente como entrega de "Mano de Orula".

Ikú: Deidad que representa la muerte en el panteón yoruba.

ilá: Quimbombó

ilé: La casa. También es el suelo que pisamos.

Inle: Inle o Erinle, Cuyo nombre proviene del yoruba Erìnlè que significa "El alimento que da la tierra". Su culto proviene del pueblo de Ilobu, por donde pasa un pequeño río que lleva su nombre. Es conocido como el médico de la Orisha, patrón y protector de los médicos, los pescadores, se dice que vive en la tierra y en el agua por haber sostenido romances con Oshún y Yemayá, de esta llegó a conocer los secretos del mar y para que no fueran divulgados Yemayá le cortó la lengua. Simboliza la salud que se recibe para apartar las enfermedades. En la naturaleza está representado por el pescado. Hermano inseparable de Abata, compadre de Oshosi.

iré: Es el estado positivo en que puede venir hablando Orisha en una consulta con Dilogún.

Iroko: Orisha que vive en el follaje de la ceiba. Es Orisha varón y viejo, aunque algunos creyentes lo tienen por hembra. Orisha del caminante, se consagra a través de Obatalá.

ishú: Ñame.

ishú kukunduku: Es el ñame boniato. Uno de los adimuses que se puede ofrecer a Orisha.

isoguí (asogí): Frutas.

iítamo real (zapatico de la reina): Ewé

iyá: Madre

iyalosha: Madre de Orisha o madrina que inicia en la religión a un neófito, Iyawó.

iyara: Cuerda

iyatobi: Madre biológica.

iyawó: Es el neófito que después de iniciado se le da esa distinción y que pasará en ese estado por espacio de un año más 16 días en proceso de depuración y aprendizaje. Después de ese período ya puede fungir como sacerdote Olosha, siempre que haya cumplido con las ceremonias: Ebó meta, presentación al tambor Añá y presentación al cuarto de Orisha.

jimaguas: Ver Ibeyi.

jío jío: Pollito recién nacido.

José Roche – Oshún Kayodé: Insigne Oriaté, que se formó como tal junto a Obadimeyi de la mano de Timotea Albear "Latuan".

jujú: Plumas

jutía: Roedor de la manigua cubana utilizado en las ceremonias de Orisha, especialmente en iniciaciones de Eleguá y Ogún.

Kariosha: Ceremonia de iniciación en la Osha a un Iyawó. Poner Orisha en Orí.

keke: Chiquito, pequeño

kobo ifin: Rogación de vientre.

Korikoto: Orisha femenino relacionada con la fertilidad y la procreación. Asociada a la natalidad, a los partos y los niños. Habla por Yemayá.

Laroye: o Alaroye. Es un camino de Eleguá, Vive en una cazuela de barro detrás de la puerta de la casa. Se dice también que es dueño de las disputas, pero en todo caso protege y cuida de quien lo tiene recibido.

leopardo (ekun): Felino que habita en tierras yoruba, no así el tigre que es originario de Asia. Es un animal totémico junto al venado que está presente en la mayoría de las ceremonias de Osha e Ifá, ejemplo en la iniciación de un Iyawó en un simbolismo al nacimiento de un venado con manchas y la entrega de un animal sustituto al Orisha convertido en leopardo. Dentro de ese mismo ámbito se hace alegoría a este felino con la expresión: Shangó de ekun (Shangó caza como el leopardo).

lucumí: Se conoce con este apelativo a la identidad étnica, cultural lingüística del pueblo yoruba y sus descendientes en Cuba.

Ma. Monserrate González – Obatero: Iyalosha alagba lagba, una de las precursoras del establecimiento de la Regla de Orisha en Cuba entre finales de 1800 y principio de los años 1900. Se dice que fue oriunda de Egbado (Nigeria) y tenía coronado Shangó. Se le acredita el hecho de ser ella la que introdujo a Cuba los Orishas Oduduwa y Olokun de quienes poseía todos los conocimientos rituales.

maferefún: Significa *"alabado sea"*, por ejemplo: *"Maferefún Yemayá"* (alabado sea Yemayá) en lucumí. En yoruba: *má á feré fún*, literalmente es. *"cedo mi beneficio"*. Tengamos la bendición y sigamos la referencia conductual del Orisha. Imploración, alabanza a un Orisha.

mai mai: Un tipo de adimú que se le ofrece a Agayú.

maíz: Ewé. Alimento, también adimú que se ofrece en diferentes presentaciones a Orisha.

malú: Vaca, res

mariwó: Ewé, guano. Adorno que se pone en las entradas de las casas de Orisha e Ifá, también en el traje de un Iyawó. También es el atuendo que usa Ogún en uno de sus caminos.

melón de agua (sandía): Fruta que se presenta como adimú. Es la sandía o patilla que se le ofrece a Yemayá, también a Ogún entre otros Orishas.

miel de abeja: Oñí

moyuba: Alabanza que se hace a las entidades superiores de nuestra religión: Moyuba Olodumare, moyuba Olorun moyuba Olofin ...

muñeta de frijol carita: Comida que se presenta en adimu a los Orishas, elaborada en base a frijoles de carita cocinados con otros elementos en forma de guiso.

Naná Burukú: Su culto es de procedencia Fon, Ashanti y Arará. Es la madre de los Arará y su nombre proviene del yoruba: Naná =g ran madre o abuela y Burukú = maldad. Se dice que Naná Burukú es dueña de una poderosa espiritualidad y es anterior a la llegada de Oduduwa a Ile Ifé, ella tuvo posteriormente un enfrentamiento con Ogún, es por eso por lo que, sus animales no se sacrifican con cuchillo de hierro. Según el rito Arará, Naná Burukú cuando se le ofrenda animales ella no se alimenta directamente de su sangre, sino que los mismos son asfixiados y luego se cortan o trozan con cuchillos elaborados de caña brava o bambú. Ella no se consagra como Orisha tutelar, pero si es entregada junto con Babaluayé.

Ña Rosalía Abreu – Efushe Warikondó: Olorisha altamente respetada en la Habana, al igual que Timotea Albear "Latuan" precursoras del establecimiento de la Regla de Orisha a comienzos de los años 1900, donde se unieron todos los conceptos y formas diferentes de ceremoniales en uno solo. Se dice de "Efushe" que era de la tierra Egbado y que era de procedencia real, por lo que sus discípulos no permitían siquiera que caminara por las calles y le transportaban en una silla.

ñame: Ishú

oba: Literalmente: Rey. En la religión es el sacerdote que funge como director y constructor de todo el proceso de iniciación de un Iyawó.

Obatalá: Orisha representante de Olodumare en la tierra, rige todas las partes del cuerpo humano, esencialmente la cabeza, los pensamientos y la vida humana. Su nombre proviene del yoruba Obàtalá (Rey de la pureza), Es la única deidad sobre la que Eshu no puede influir. Dotado de firmeza y determinación Se le trata como a una archi divinidad con autoridad y poder. Obatalá es el dueño de todos los metales blancos, En la naturaleza se simboliza con las montañas. Es el que intercede ante los Orishas por los individuos frente a cualquier dificultad, es popular por dar hijos a mujeres infértiles y moldear la forma del niño en el útero. Es considerado el padre del género humano y dueño de todas las cabezas. Representa la creación que no es necesariamente inmaculada; lo magnánimo y superior, también la soberbia, la ira, el despotismo y las personas con defectos o dificultades físicas y mentales, Obatalá fue un Irunmole, convertido en Orisha por sus errores. Durante su vida en el plano terrenal fue Rey de los Igbó. Su número es el 8 y sus múltiplos y su color es el blanco.

Obá: Hija de Obatalá y Yembó, hermana de Oyá y Yewá, amante de Shangó, aunque se dice fue su legítima esposa, por él se cortó la oreja derecha fiándose de los pérfidos consejos de Oyá y fue por esto desterrada, posteriormente decepcionada de la humanidad tomó sus armas de guerra (un gran machete), llevándose consigo a todos los descendientes que detestaban el contacto con los humanos, se fue para el monte, para después vivir en soledad en el cementerio. Obbá es una gran guerrera, siempre carga un escudo, sagaz con la espada, de gran carácter y valentía. Es una Orisha que simboliza el sacrificio por el ser que uno ama, el amor reprimido, el sufrimiento y representa la fidelidad conyugal.

obé: Cuchillo

Obí: Con ese nombre se conoce en África la nuez de kola. En nuestra tradición afrocubana se conoce con este nombre al coco, su oráculo leyenda. No obstante, al coco se le conoce con su nombre lucumí *agbón.*

obiní: Significa mujer.

Octavio Samá – Oba di Meyi: Famoso Oriaté, oriundo de Matanzas donde había sido coronado con Oshún y con grandes conocimientos del sistema matancero. Tuvo que trasladarse a la Habana, donde contacta con "Latuan" y "Efushé" y se une a ellas en lo que ya venían adelantando como era la unificación de ritos y ceremoniales de la Osha, para ello, su aceptación, éstas Iyaloshas al no estar conformes como se ritualizaba la religión en Matanzas, le impusieron aceptara coronarse de nuevo con ellas, lo cual se llevó a cabo coronándole Agayú, donde en su itá surgió el nombre de Obadimeyi "Rey coronado dos veces".

Oduduwa: Orisha mayor, una de las principales deidades del panteón yoruba. También conocido como Odua, Odudua, se dice que rige en los secretos de Egun e Ikú.

Ogán: Orisha que vive en su sopera al lado de Obatalá, es su guardiero, le cuida sus espaldas.

ogu (brujerías): Es un tipo de Osobo.

Ogue: Su nombre en yoruba significa cuerno, pompa, y el Orisha de los animales astados y rebaños, conforma una trilogía junto a Orisha Oko y Oké; su sopera es un freidor (ikoko) plano de color rojo y blanco, teniendo gran cercanía a Shangó al que protege y simboliza parte de su fuerza, viviendo dentro de él o al lado de él, con este comparte las mismas ofrendas y ewés.

oguedé: Plátano

oguidí (agidí): Dulces, es un tipo de adimú.

Ogún: Orisha dueño de los metales, Dios de la guerra, los cazadores y los orfebres. Se dice que tiene el machete para limpiar el camino y abrir la puerta hacia la riqueza, la prosperidad y la salud. Es la fuerza que encierra la caja del cuerpo humano, el tórax, donde están todos los órganos vitales. Ogún es Orisha determinante en la ceremonia de la confirmación de los Oloshas (Pinaldo) y en la ceremonia de confirmación de los Awó ni Orunmila (Kuanaldo). Ogún es el que tiene el derecho preferente de sacrificar, derecho otorgado por Olodumare, le pertenece el cuchillo objeto con el que generalmente sacrifica.

Oké: Orisha cuyo nombre denota altura, elevación, dueño de lo más alto, por ello su representación con una loma. Vive junto a Obatalá en estrecha colaboración con él. También forma una trilogía con Orisha Oko y Ogue.

okuní (okunrin): Hombre

Olodumare: Dios Supremo en la religión.

Olofin: Es una manifestación del dios supremo, dentro del infinito espacio de Olodumare y es su tercera manifestación. Del yoruba Òlófín (dueño del palacio), Olofin representa una entidad, donde no interviene directamente con los humanos, sino a través de los Orishas que interceden y piden su ayuda.

Olokun: Orisha de vital importancia en la regla de Orisha–Ifá, además es una de las deidades más peligrosas y poderosas de la religión, es temible cuando se enfurece, y no puede hacer falta a los Oloshas y Babalawós. Olokun proporciona salud, prosperidad y evolución material. Es el Orisha que representa las profundidades del océano, es el verdadero y único dueño de éste, guarda los secretos del fondo oceánico, donde nadie ha podido llegar, nadie sabe que hay en el fondo del mar, solo Olokun y Olofin. Personifica el mar en su estado más aterrador, pero también representa las riquezas del fondo marino y la salud. Está relacionado con los secretos profundos de la vida y de la muerte.

Olorun: Del yoruba Òlórún, dueño del Orún (cielo, el mundo invisible). Es una de las manifestaciones del Dios supremo de la religión yoruba Olodumare y es su segunda manifestación. Olorun es el que está en contacto directo con los hombres. Se presenta también como la fuerza y la energía vital, proveniente del Sol. A través del sol, se le ofrenda a Olorun en el nangareo antes de un Itá, dando cuenta de que en la tierra se ha iniciado a un nuevo sacerdote en la religión, a un Iyawó.

olubatá: Se conoce con este nombre al tocador jefe del conjunto de tambores batá.

omí: Agua

omo: Niño de un orisha. Seguidor.

omo añá: Se utiliza también para llamar a los tocadores del conjunto de tambores Batá, ya que estos poseen en su interior a Orisha Añá.

oní: Que tiene o posee los fundamentos de un Orisha en particular. Se dice de los iniciados en Shangó y Yemayá, son oní Shangó y oní Yemayá.

oñí: Miel

Orí: Es el Orisha rector de lo divino en la existencia de un individuo y rige su destino, el que elige cada persona ante Olodumare antes de encarnar el cuerpo en el proceso de creación/nacimiento. Así que Orí es de indiscutible importancia, representa para cada persona su propio Orisha personal.

Orishaoko: Orisha que en la naturaleza representa la tierra, el trabajo agrícola y los cultivos, relacionado directamente con la agricultura y el campo. Está fuertemente relacionado a Ogún y a Olokun. Trabajador incansable. Orisha Oko junto a Oké y Ogué son responsables de las cosechas, las lluvias, y el fuego interno que hace fértil a la tierra. Da fortaleza a la vida porque proporciona los medios de sostén de la misma, proporcionando los alimentos necesarios para vivir.

Orisha: Es una divinidad, manifestación e hija directa de Olorun (Olodumare). Los Orishas se identifican y gobiernan sobre todas las fuerzas de la naturaleza.

Orunmila: Representa la sabiduría, la inteligencia, la picardía y la astucia que sobreponen al mal. Cuando Olodumare creó el Universo, Orunmila estaba ahí como testigo. Es por eso por lo que él conoce el destino de todo lo que existe. Y es por eso por lo que se le llama el eleri-ipin ibikeji Olodumare (Testigo de toda la creación y el segundo al mando de Olodumare).

Osha kua kua lerí: Yoko Osha. Asentar Osha en su cabeza.

Oshanlá: Es uno de los caminos o manifestaciones de Obatalá que se tiene como de aspecto femenino. Es de avanzada edad y de aspecto encorvado. Su entrega requiere de ceremonias especiales.

Oshosi: Orisha cazador y explorador, que también asume el papel de traductor para Obatalá. Su nombre proviene del yoruba Osóssí (Osó: brujo Sísé: hacer trabajo Sí: para), literalmente "El que trabaja con brujería". Fue Rey de Ketu. Simboliza la amistad, el esfuerzo colectivo, los sindicatos, la libertad, la unión de los pueblos. Oshosi es un Orisha mayor, también patrón de los que tienen problemas con la justicia. Está simbolizado por las armas a partir del arco y la flecha y está relacionado especialmente con Ogún con el que vive y tiene una estrecha relación.

Oshún: Orisha de los ríos, representa la fecundidad, los sentimientos y espiritualidad, interviene en la gestación del feto. Su nombre proviene del Yorùbá Osun. Ella salvó al mundo volando como un aura tiñosa (Ibú Kolé). En Nigeria es adorada en muchas partes de la tierra yoruba, aunque es en la ciudad de Osogbo, por donde pasa su río donde tiene la mayor cantidad de creyentes. El nombre Osogbo proviene de la unión de Oshún y Ogbo. Ella salvó a esta ciudad por eso su Rey la llamó de esa manera. En Nigeria se dice que vivió en una cueva que aún existe en Ijesa, Nigeria, al norte hacia el río Nilo. Fue la segunda esposa de Shangó, apetebí de Orunmila. Su mensajero es el cocodrilo. Sus seguidores llevan ofrendas al río y le piden sus favores. Todos los Iyawó antes de coronar Orisha en su Lerí deben dirigirse al río a darle cuenta con su respectivo Ochinchin

otá: Piedra o roca. Es el elemento que se utiliza para fundamentar Orisha.

oti: Aguardiente.

otí pupúa: Vino

ounko: Chivo.

owó: Dinero

Oyá: Orisha que domina sobre los vientos, el remolino y las centellas. Oyá representa la atmósfera el aire que respiramos (Afefe), cuando alguien nace o muere es la primera Deidad en enterarse y se lo comunica al Orisha tutelar por medio del viento, siendo el viento (Alefi) su mensajero. Vive en la puerta de los cementerios. Representa la reencarnación de los antepasados, y tiene una relación especial con los Egun o muertos. En la naturaleza está simbolizado por la centella. Su número es el 9, el cual le da el título de Iyansan o "Madre del nueve". Guerrera feroz que cabalga a la guerra con Ogún y Shangó. Es la Orisha del Río Níger, antiguamente llamado Oyá, por sus 9 afluentes, nacida en Ira.

oyugbona: Madrina o padrino, segundo en la iniciación de un

Iyawó en Orisha, es el que guía los pasos durante y después de la consagración.

Ozain: Es el dueño absoluto de la naturaleza, aunque muchos aseguran que es la naturaleza misma. Es sabio, conocedor y guardián de todas las plantas, animales y minerales del planeta por lo cual todos lo denominan el médico, curandero o brujo de la Orisha. Posee todos y cada uno de los secretos y ashé (fuerza espiritual) de cada ser de la naturaleza. Es una deidad o energía de vital importancia en la espiritualidad yoruba, pues está presente en los Kariosha, Ebós, comidas del Orisha o simplemente al lavar collares. Debido a que hay que conocer el poder y las propiedades cósmicas, curativas de las plantas silvestres para marcar o hacer Ebó, todos los Orishas y Orishas tienen un Ozain, como también lo tienen las circunstancias de la vida. Ozain es el que consigue el ashé para la Orisha. Hay que contar con él para cualquier consagración, ya que en éstas siempre hay que usar hierbas y plantas

Ozun: Es un Orisha que consagran los Awó ni Orunmila, y sólo éstos tienen potestad para entregarlo. El Orisha Ozun representa al espíritu ancestral que se relaciona con el individuo genealógicamente y que le guía y advierte. Es el vigilante, el guardián, la vigilia. Ozun junto con Eleguá, Ogún y Oshosi simboliza a los ancestros de un individuo específico. Ozun guarda una relación especial con Orunmila. Orunmila se apoya en él, siendo este su bastón para obtener los poderes de la adivinación y el conocimiento real y trascendente. Este Orisha no se asienta, no se sube y no tiene caminos. Como no va a la cabeza en su caso se hace Obatalá.

pupúa: Rojo, colorado

santero/a: Se refiere a la persona que pasó por el proceso de iniciación o ceremonia de *kariosha*. Es sacerdote/sacerdotisa (Olorisha) de la santería. En todo caso, el uso de este término para referirse a todo aquel iniciado en los misterios de Orisha es inexacto e inaceptable.

Shangó: Orisha Rey de la religión y uno de los más populares. Dios del fuego, el rayo y el trueno, sin la presencia de él, muchas ceremonias en la religión no se pueden llevar a cabo, sobre todo en las iniciaciones de Orisha e Ifá. Shangó fue Rey de Oyó, su 3er Alaafin. Hermano de Agayú y Dadá quien lo crio según una historia que versa al respecto. Estuvo relacionado con Obbá, Oshún y Oyá. También fue el primer awó, cambió el ashe de la adivinación con Orunmila por el de la danza, es dueño también de los tambores Batá debido a que intercambió el Oráculo de Ifá con Orunmila por los tambores batá, wemileres, Ilú Batá o bembés.

shilekun: Puerta de la casa

Timotea Albear – Adjai Lewú: llamada también "Latuan", famosa Iyalosha *alagba lagba*, oriunda de Oyo, llegó a Cuba por los años 1860 como esclava, pero fue emancipada muy pronto, ella traía ya consagración en Orisha asentado Shangó, con grandes conocimientos de la religión, sobre sus ceremoniales, oráculo y cantos a los Orishas, compartiendo todos esos conocimientos con sus ahijados y descendencia, a pesar de ser calificada como una mujer de un temple fuerte, pero trataba a todas las personas con mucho respeto. Ella empezó a oficiar en un cabildo de La Habana, en San José 80, siendo reconocida por sus altos conocimientos de la religión y sus procesos litúrgicos, así como de la dirección de ceremonias como oba, allí conoce a Ñá Rosalia, Efunshe Warikondó, Iyalosha ésta que también poseía altos conocimientos de dirección y es cuando se unen para empezar a revisar lo que después se convirtió en unificación de todos los criterios dispersos o diferentes acerca de cómo ritualizar todo lo concerniente a la religión.

tutu: Fresco

Yemayá: Orisha relacionada con las aguas marinas y considerada la madre del mundo. Yemayá es una Orisha inflexible, adivina por excelencia, se dice le robó el okpele a Orunmila y este le entregó los caracoles, para que consultara con Dilogún. Come siempre junto a Shangó, excepto Yemayá Okute que come con Ogún. ¡Maferefún Yemayá!

Yewá: Orisha que representa la belleza, la gracia, aunque también representa la abstinencia, la castidad, la infertilidad o esterilidad, el destierro, la limitación de las emociones. Habita las tumbas, al interior de las fosas. Se apodera de los muertos que llegan al cementerio, consume sus cuerpos hasta que vuelven a ser parte de la tierra. Junto con Oyá y Obbá forma una trilogía que habita en los cementerios y son conocidas como las guerreras temerarias o las muerteras.

Yoko Osha: Ceremonia de asentamiento del orisha alagbatori en la *lerí* (cabeza) de una persona y que pasa a ser sacerdote de la religión.

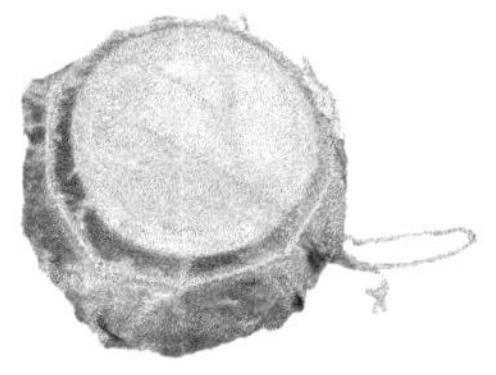

Referencia

Albán, Mariela – Oní Yemayá. *Interpretando Dilogún consultando a Osha: Una visión práctica del proceso de consulta con Dilogún.* Caracas. Amazon. Publicación independiente en Amazon. 2020.

______. Orisha: *¿De quién es tu cabeza?.* Caracas. Amazon. Publicación independiente en Amazon. 2020.

______. Oyugbona: *En igbo de Yoko Osha.* Caracas. Amazon. Publicación independiente en Amazon. 2021.

Betancourt Omólofaoró Estrada, Víctor. *La Lengua Ritual Lukumí.* Caracas, Ediciones Orunmila 2005.

Cabrera, Lydia. *Yemayá y Ochún: Kariocha, Iyalorichas y Olorichas.* Madrid, Ediciones C.R., 1974.

______. *El Monte. Igbo - Finda – Ewe Orisha - Vititi Nfinda.* Miami, FL: Ediciones Universal, 2000.

Canizares, Raúl J. *Santería Cubana: El sendero de la Noche.* Inner Traditions International, Vermont, USA. 2002.

Mason, John. *Orin Orisa.* Songs for Selected Head. Yoruba Theological Archministry, 1992.

Murphy, Joseph M. *Santería: African spirits in America*. Beacon Press, Boston, USA. 1988, 1993.

Ortiz, Fernando. *Los bailes y el teatro de los negros en el folklore de Cuba*. Ciencias Sociales, Cuba. 1951.

OTRAS FUENTES CONSULTADAS

Información del archivo personal de la autora.

Escritos inéditos y otras anotaciones particulares de *Osha*.

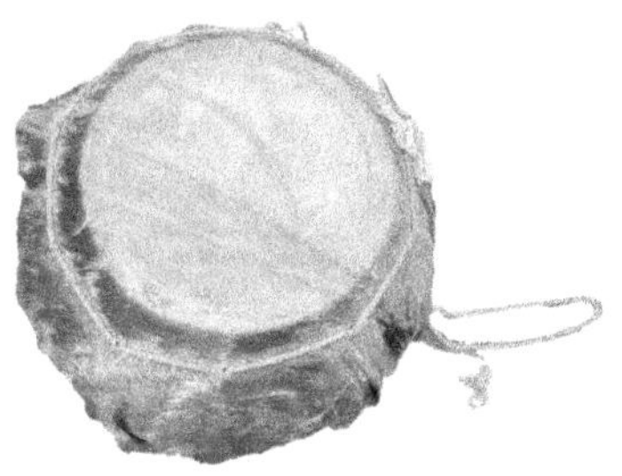

Sobre la autora

MARIELA ALBÁN — ONÍ YEMAYÁ

Cantos lucumis a Orisha

Ella es una profesional de la Contaduría Pública en Venezuela, egresada de la Escuela de Contaduría Pública de la Facultad de Ciencias Económicas y Sociales, de la Universidad Alejandro de Humboldt, de Caracas-Venezuela. Ella es una Iyalosha, con ceremonia de asentamiento (Yoko Osha) de su Orisha alagbatori Yemayá, de manos de su madrina: Shangó Bamboshé, Oní Shangó y su oyugbona Irbán Omó Babá, Oló Obatalá, en el año 2005, siendo su padrino de Odón: Obá eni Oriaté, Nelson Madrid, Obá Okán (Ibaé layé ntorun).

Ella está firmemente vinculada a esta fe religiosa desde el año 1984, cuando fue impuesta de los Elekes ni Osha (sus collares de Osha). Ya en el año 2004 recibe sus guerrcros, al igual que su Ikofa fun (mano de Orunmila), de manos del Oluwo Siwayú, Omó Odun, Okana Trupon. Y sus otros poderes recibidos son: Olokun, Ibeyi, Idowu (Ideú), Oshanlá, Orisha Oko, Ogún, Oshosi, Ogán, Agayú y Oyá, además de sus Orishas fundamentales recibidos en su Kariosha: Eleguá, Obatalá, Oshún, Shangó y Yemayá. También tiene iniciación en la ceremonia de "rayado" en la regla conga Palo Mayombe en el año 2005.

Ella es la autora de "Interpretando Dilogún consultando a Osha: Una visión práctica del proceso de consulta con Dilogún", "Interpretando Obí: Una visión del proceso ritual con Obí" y "Orisha: ¿De quién es tu cabeza?".

Vive en la ciudad de Caracas.

Anotaciones personales

Anotaciones personales

Anotaciones personales